Gabriele Borgdorf-Albers

Ruhe*punkte*

Hilfen gegen Stress

Ernst Klett Verlag
Stuttgart Düsseldorf Leipzig

»Ruhepunkte«
Hilfen gegen Stress
Kursbuch

Gabriele Borgdorf-Albers

Bildnachweis:
Fotografie: Ulrike Klumpp (Freudenstadt)
Grafik: Ingrid Engel (Augsburg)

Titel: Mauritius, Henryk T. Kaiser (Stuttgart),

G. Borgdorf-Albers (Bremen), S. 48
Edition Meis Studio, Meis G., (Athen), S. 80;
IMAGE BANK, Guido Alberto Rossi (München), S. 74
Joanna McCarthy, S. 95 rechts
IMAGINE Westlight (Hamburg), S. 10, 76, 99, 103, 112;
Mauritius, Pedro Coll (Stuttgart), S. 13; Antonio Real Hurtado, S. 51; Pedro Coll, S. 52; Jean Dominique Dallet, S. 65; Angels Tomás, S. 66; R. Matina, S. 77; Mario Krmpotic, S. 95 links; Rob Goldmann, S. 113
Nouvelles Images SA., Robert Doisneau (Lombreuil), S. 81
Picture Press Life / Corbis Royalty Free (Hamburg), S. 104
Picture Press Life / Corbis (Hamburg), S. 28; S. 33 unten; S. 49; S. 79; S. 88; S. 97; S. 99 rechts; S. 107; S. 108; S. 110; S. 111; S. 112
Picture Press Life / Widstrand (Hamburg), S. 109
STOCK MARKET, David Keaton (Düsseldorf), S. 56; Jose Luiz Pelaez, S. 83; S. 115
TONY STONE IMAGES, Roine Magnusson (Hamburg), S. 5; Ernst Haas, S. 21; Bob Thomas, S. 30; Victoria Pearson, S. 71; Ed Pritchard, S. 86; Ziggy Kaluzny, S. 87; Martine Mouchy, S. 91; Laurence Monneret, S. 93; David Loftus, S. 98; Terry Vine, S. 102; Thomas Del Brase S. 105; Tony Garcia, S. 120; John Riley, S. 121

Gedruckt auf Papier, das aus chlorfrei gebleichtem Zellstoff hergestellt wurde.

1. Auflage A 1 5 4 3 2 1 | 2003 2002 2001 2000

Internetadresse: http://www.klett-verlag.de

Redaktion: Friedhelm Lampe, Manfred Ott
Mitarbeit: Redaktionsbüro Dr. Becker, Beckum
Layout, Umschlaggestaltung: Steffi & Katja Kassler
Druck: Messedruck Leipzig GmbH
Printed in Germany

ISBN 3-12-939851-1

Inhalt

Ruhepunkte suchen

Herbst

Tautropfen im Spinnennetz
Glänzende rotbraune Kastanie
Luft, die nach Erde schmeckt
Das Blattdach der Rotbuche
glüht in der Sonne.

Zu jeder Jahreszeit ist es möglich, Ruhepunkte zu finden

Gibt es in Ihrem Leben Zeiten, in denen Sie nichts zu tun haben und nichts erreichen müssen? Zeiten, in denen Sie einfach nur Ihr Dasein genießen? Es können Stunden, Tage, Minuten, ja sogar wenige Sekunden sein, in denen Sie das Gefühl haben, sich außerhalb der Zeit zu bewegen.

Dieses Buch möchte Sie anregen, sich täglich eine gewisse Zeit zu nehmen, die nur Ihnen gehört. Meditative Momente, in denen der Blick sich öffnet für das Besondere im Alltäglichen: sich wohl fühlen mit dem Körper, den Atemfluss spüren, innere Bilder entstehen lassen, anderen begegnen.

Um äußeren Belastungen und Herausforderungen gelassen entgegentreten zu können, ist es eine große Hilfe, die eigene »innere Landkarte« zu kennen. Gedanken und Gefühle verändern sich laufend. Die Wahrnehmung und Beobachtung der inneren Vorgänge in Zeiten der Selbstbesinnung hilft, Unterscheidungsvermögen zu entwickeln – das Wichtige vom Unwichtigen zu trennen. Stressoren, die allgegenwärtig sind, können mit einem klaren Blick besser erkannt und entschärft werden. In Ruhe- und Besinnungsphasen ist es möglich, sich im eigenen Rhythmus ohne fremde Taktgeber zu bewegen. Die Sinne erholen sich von einer lauten, reizüberfluteten Umwelt. Auf diese Art und Weise eröffnet sich der Zugang zu den inneren Kraftquellen, den Ressourcen, die in Stresssituationen eingesetzt werden können, um diese als Herausforderung zu erleben.

Neben den inneren Kraftquellen sind bei der Bewältigung von Stress äußere Hilfsquellen wie Freundschaften, Familienzugehörigkeit und kollegialer Zusammenhalt von entscheidender Bedeutung. Selbst in kurzen Begegnungen, beim Bäcker nebenan, in der Straßenbahn oder im Restaurant, kann sich Verbindung herstellen. Ruhepunkte sind in diesem Sinne auch Zeiten der Begegnung, der Kontaktaufnahme, des Gesprächs – in einer entspannten Atmosphäre. Das Grundgefühl, dass das Leben Sinn macht, dass es trotz aller Widrigkeiten und Belastungen zu bewältigen ist, stellt sich dann ein, wenn Körper und Seele im Gleichgewicht sind. Dazu wollen die Übungen in diesem Buch beitragen. Sie haben sich in der Praxis bewährt.

Sie finden in einzelnen Kapiteln sowohl Einblicke in Entspannungsmethoden als auch grundlegende Prinzipien, die alle dazu dienen, Spannungen erfolgreich abzubauen und körperlich-seelisches Gleichgewicht zu stärken.

Entspannung hilft Stress zu bewältigen und manchmal auch, ihn gar nicht erst aufkommen zu lassen. Lösungsorientiertes Denken und Handeln sowie Möglichkeiten entspannter zu kommunizieren sind wichtige Ergänzungen, die Ihnen helfen, Stress zu vermeiden. Aufmerksam mit sich selbst und anderen umzugehen, sich dabei von Belastendem zu entlasten, ist die Basis des Gelingens.
Jeder Mensch kann die für ihn passende Methode finden, Stress zu bewältigen und Entspannung zu erleben. Dazu will das Buch beitragen. Jeder Tag kann seine eigene Form der Entspannung bieten: Manchmal ist es der meditative Augenblick, den sanften Wellen eines Gewässers zuzusehen und sie plätschern zu hören, der die Entspannung schafft.
Manchmal ist es sinnvoller, sich eine körperliche Aufgabe zu geben – wie zum Beispiel einen Berg zu besteigen – um Abstand zu gewinnen. Manchmal ist es, z. B. im Gespräch mit einer Freundin, das wunderbare Gefühl, verstanden zu werden.
Ein »besser« oder »schlechter« gibt es nicht, auch nicht für den Rat, welche Art der Entspannung die beste ist: Der Spaziergang oder lieber ein heißes Bad, ein schönes Buch, den Klängen der Musik lauschen oder sich über Tanzen und Malen Ausdruck verschaffen – Entspannung hat viele Facetten.

Wenn Sie sich mit dem Buch vertraut machen, stellen Sie sich vor, dass Sie sich in einem Haus mit acht Räumen umsehen. Sie sind eingeladen, sich darin aufzuhalten und herauszufinden, wo Sie sich besonders wohl fühlen. »Schlüsselerlebnisse« können neugierig auf unbekannte Räume machen.
Die Zimmer:

- Achtsamkeit ist eine besondere Art der Aufmerksamkeit: ganz im gegenwärtigen Moment zu sein, hellwach und dennoch entspannt: »Das Leben besteht aus Augenblicken.«
- Mit »aktiver Entspannung« gelingt es auch Menschen, die zum ersten Mal eine Entspannungsmethode ausprobieren, Spannungen abzubauen.
- Fühlen Sie sich einfach wohl! Erleben Sie, wie Sie mit einfachen Dehn- und Streckübungen aus dem Yoga Ihr körperlich-seelisches Wohlbefinden steigern und frische Energie gewinnen können.
- Haben Sie sich schon mit Ihrem Atem vertraut gemacht? Er kann in Stresssituationen zu Ihrem Verbündeten werden.
- Jede Vorstellung hat die Tendenz, sich zu verwirklichen. Besonders wirksam sind bildhafte Vorstellungen. Die Vorstellungskraft als Instrument im Umgang mit Stress kann systematisch entwickelt werden.
- Den »Tunnelblick« weiten, der Fluchtkampf-Stimmung mit Humor begegnen. Lösungen suchen statt Probleme wälzen.
- Meditieren ist ganz leicht – man kann jederzeit damit anfangen. Erforschen Sie die Pausen zwischen den Gedanken!
- *Man kann nicht nicht kommunizieren.* (Watzlawick)
  Kommunikation kann Verbindungen herstellen, aber auch Stress erzeugen. Kennen Sie Ihre Absichten?

Sie sind eingeladen, sich auf eine Entdeckungsreise durch die Zimmer des Entspannungshauses zu begeben. Nehmen Sie sich aber nicht zu viel vor. Entspannung stellt sich nicht ein, wenn Sie den Tag mit zusätzlichen Terminen für Ihr Entspannungsprogramm füllen und Leistung erzwingen wollen. Probieren Sie das aus, was Ihnen behagt. Machen Sie das, was Ihnen gut tut und seien Sie geduldig mit sich selbst. Jederzeit und überall können Sie das Buch erneut zur Hand nehmen, um einen anderen Weg zu versuchen.

Die kleinen Dinge im Leben:

Achtsam sein

Auch die kleinen Dinge im Leben haben Aufmerksamkeit verdient.

Ü Achtsam im Gehen

Es gibt eine ganze Reihe von Achtsamkeitsübungen, die den Umgang mit stressbelasteten Situationen erleichtern können, die entspannend wirken und zu mehr Gelassenheit und Lebensfreude beitragen. Doch wo soll man beginnen? Die Anfangsübung ist ganz einfach. Sie kann überall und zu jeder Zeit durchgeführt werden.

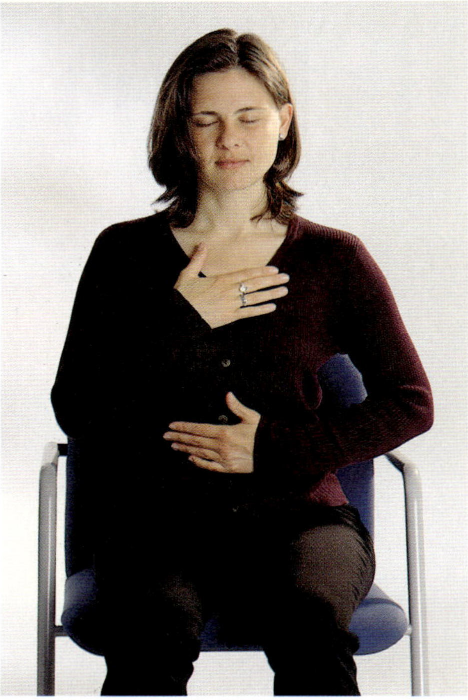

Überall und immer möglich

Wach sein

▸ Diese Achtsamkeitsübung, die sowohl im Alltäglichen als auch in der Meditation praktiziert wird, ist für Anfänger ebenso wie für meditationserfahrene Menschen geeignet. Jeden Augenblick bewusst zu erleben, ohne gedanklich in die Vergangenheit oder in die Zukunft abzuschweifen, kann man mit Achtsamkeitsübungen lernen. Ganz im Hier und Jetzt zu sein, wach und aufmerksam für das, was gerade geschieht und dennoch innerlich entspannt zu sein, ist sozusagen die Frucht regelmäßiger Achtsamkeitspraxis. Wach sein für das, was gerade geschieht.

1 Der Atmung Aufmerksamkeit widmen

› Richten Sie Ihre Aufmerksamkeit auf Ihre Atmung. Spüren Sie, wie Sie einatmen und wie Sie ausatmen. Fühlen Sie, wie der Atem in den Körper einströmt und durch die Nase wieder ausströmt. Lassen Sie den Atem geschehen. Damit keine anderen Gedanken Sie ablenken, können Sie innerlich beim Atmen »ein« und beim Ausatmen »aus« wiederholen.
Wie lange Sie Ihre Aufmerksamkeit – Ihre Achtsamkeit – auf den Atem lenken, bleibt Ihnen überlassen: drei Atemzüge lang, zehn Atemzüge lang, drei Minuten lang oder länger – probieren Sie es einfach aus. Es geht bei dieser Übung nicht darum, den Atem irgendwie zu verändern, langsamer oder tiefer zu atmen, sondern einzig und allein darum, den Atem wahrzunehmen. Auch sollten Sie nicht darüber nachdenken, ob Sie richtig oder falsch atmen, bleiben Sie einfach nur im Kontakt mit dem Atem. Wenn Sie einatmen, sind Sie sich bewusst, dass Sie einatmen, wenn Sie ausatmen, sind Sie sich bewusst, dass Sie ausatmen. Einatmen und ausatmen.

2 Der Haltung Beachtung schenken

Beginnen Sie zu gehen. Richten Sie Ihre Aufmerksamkeit auf die Art, wie Sie die Füße aufsetzen, abrollen und von den Fußballen einen Impuls zum Heben des Beines setzen. Aufsetzen, abrollen, abstoßen.
Ihre Haltung ist aufrecht, der Rücken gerade, die Schultern können entspannt sinken, ihr Gesicht entspannt sich. Vielleicht entsteht ein Lächeln in Ihrem Gesicht. Vielleicht mögen Sie die Hände locker ineinander legen, die Handfläche nach oben gerichtet.
Lassen Sie den Atem kommen und gehen. Spüren Sie, wie Sie einatmen und wie Sie ausatmen. Lassen Sie den Atem frei durch ihren Körper fließen. Sie können die Atmung mit dem Gehen verbinden: drei Schritte einatmen, drei Schritte ausatmen. Aufsetzen, abrollen, abstoßen. Es geht nicht darum, ein Ziel zu erreichen. Es geht darum zu gehen, umzugehen. Aufmerksam und wach im Gehen.

Wenn ich gehe, dann gehe ich

3 Aufmerksamkeit auf den Weg richten

Sie gehen immer noch weiter, hin und her oder auch geradlinig vorwärts. Lassen Sie jetzt Ihren Blick schweifen. Sehen Sie sich an, wo Sie gehen. Wie ist der Boden beschaffen, auf dem Sie gehen? Ist er weich oder hart, warm oder kalt? Wie ist der Raum oder der Ort, an dem Sie gehen? Stehen Ihnen Hindernisse im Weg oder kann Ihr Blick frei über den Horizont schweifen? Gibt es Dinge, auf denen Ihr Blick gerne verweilen möchte oder Dinge, die Sie an Unerledigtes erinnern? Für eine kleine Weile lang ist all dies unwichtig. Nur Ihr Gehen ist jetzt wichtig. Wenden Sie Ihre Aufmerksamkeit ganz auf Ihr Gehen, das Aufsetzen, Abrollen und Abstoßen.

4 Dem Gehen Bedeutung geben

Sie halten sich aufrecht und entspannt. Gleichmäßig und ruhig fließt Ihr Atem. Im gleichmäßig ruhigen Tempo gehen Sie Schritt für Schritt. Gehen Sie absichtslos. Gehen Sie um zu gehen. Aufsetzen, abrollen, abstoßen.
Treten Sie ruhig kraftvoll auf. Ihre Augen sind auf das gerichtet, was etwa drei bis fünf Meter gerade vor Ihnen liegt. Die Augen schweifen über das, was Sie sehen, ganz ohne Anspannung. Alle Informationen, die Ihre Sinne jetzt sammeln, kommen alleine aus Ihren Füßen. Sehen Sie mit Ihren Fersen. Hören Sie mit Ihren Fußballen. Tasten Sie mit Ihren Fußsohlen. Riechen Sie mit Ihren Zehen. Ihre Gedanken kommen und gehen wie der Atem. Alle Eindrücke kommen von den Füßen. Aufsetzen, abrollen, abstoßen.
Erzwingen Sie nichts. Vielleicht werden Sie irgendwann einmal bei Ihrer Gehmeditation die Vorstellung entwickeln, dass die Erde Ihnen schrittweise entgegenkommt. ❮

Wenn ich gehe

Ein viel beschäftigter Mann wurde gefragt, wie er es denn schaffe, trotz seiner vielen Aufgaben stets so ruhig und gelassen zu bleiben. Er antwortete sinngemäß: *Wenn ich gehe, dann gehe ich, wenn ich stehe, dann stehe ich, wenn ich sitze, dann sitze ich.*
Das tun wir auch, antworteten die Leute.
Daraufhin sagte der Vielbeschäftigte: *Wenn ihr sitzt, dann steht ihr schon, wenn ihr geht, seid ihr schon angekommen.*

Die Kunst der Achtsamkeit

Achtsamkeit ist die Fähigkeit, in jedem Augenblick unseres täglichen Lebens wirklich präsent zu sein.
Achtsamkeit ist eine Art von Energie, die jedem Menschen zur Verfügung steht.
Jeder kann es lernen, achtsam zu sein.
Thich Nhat Hanh

Achtsamkeit wird auch im Alltag praktiziert

Achtsamkeit ist eine besondere Form der Aufmerksamkeit. Man ist hellwach und dennoch entspannt. Achtsamkeit ist eine einfache und gleichzeitig hochwirksame Methode, die Realität so anzunehmen, wie sie sich darbietet.
Der Weg des Zen, auf der Grundlage buddhistischer Lehren entstanden, hat auch im Westen viele Anhänger gefunden. Die Praxisnähe dieses Übungsweges, die es jedem Menschen, unabhängig von Weltanschauung, Alter oder Vorerfahrung ermöglicht, sofort im Alltag damit zu beginnen, macht diese Methode so interessant. Selbsterforschung, Selbstbeobachtung und achtsames Handeln gehören dazu, will man diesen Weg gehen. Achtsamkeitspraxis ermöglicht es, auch schwierige Situationen als Herausforderung zu begreifen und daran zu wachsen.
Dabei ist Achtsamkeitspraxis kein Patentrezept, um Stress zu vermeiden, sondern bewirkt, dass Probleme mit einem klaren Blick erkannt werden. Dazu gehört es, die Signale des Körpers wahrzunehmen und zu beachten, die Funktionsweise des Geistes verstehen zu lernen und Vertrauen in die eigenen inneren Kräfte zu entwickeln.
Einerseits gibt es bestimmte Übungen wie die Beobachtung des Atems, die sowohl in der Meditation als auch im Alltag praktiziert werden, andererseits kann jede Alltagshandlung zur Übung in Achtsamkeit werden. In dieser Methode sind viele Möglichkeiten und Lektionen enthalten, Klarheit, Geistesgegenwart und innere Ruhe als Kräfte im Umgang mit Stress zu entwickeln. Den Augenblick bewusst zu erleben, ganz in ihn einzutauchen, ist vielen Menschen von Naturerlebnissen her vertraut. Im Alltag mit all seinen Verpflichtungen und Aufgaben, umgeben von vielfältigen Reizen, ist es nicht ganz leicht, achtsam zu sein. Trotzdem ist es möglich, ohne zusätzlichen Zeitaufwand Augenblicke der Achtsamkeit auch im Alltag zu erleben, z. B. bei den ganz alltäglichen Verrichtungen: Achtsam die Zähne putzen und dabei die kreisenden Bewegungen der Zahnbürste als angenehme Massage für Zähne und Zahnfleisch erleben. Beim Duschen das warme Wasser auf der Haut fühlen. Den Körper beim Eincremen oder Einölen Zone für Zone liebevoll berühren, wie bei einer wohltuenden Massage.
Achtsamkeit beim Essen hieße, die volle Aufmerksamkeit auf den Vorgang des Essens zu lenken, ohne nebenbei Zeitung zu lesen oder fernzusehen: Bissen für Bissen wirklich schmecken und genießen, den Duft der Speisen wahrnehmen, sich an allem erfreuen, was die Sinne anspricht. Wenn das Essen eher achtlos verzehrt oder sogar hinuntergeschlungen wird und die Gedanken bereits wieder bei der Arbeit sind, treten Spannungen auf. Diese verstärken sich, wenn zusätzlich noch Streitgespräche stattfinden. So kann es geschehen, dass eine Situation, die eigentlich der Erholung und Regeneration dienen soll, zu einer Stresssituation wird.
Achtsamkeit ist so gesehen ein Schutz. Sie ist ein Wegweiser, wie im Laufe des Tages, im Alltagsgeschehen kein belastender Stress entsteht. Im Umgang mit Situationen, in denen Hektik, Gereiztheit und Spannungen in der Luft liegen, ist Achtsamkeit eine Hilfe, um nicht unter Druck zu geraten.

Signale, um bewusst zu atmen

Achtsam sein, wachsam sein, sich nicht selber antreiben – im Alltag gibt es viele Möglichkeiten, es auszuprobieren. Gerade Situationen, in denen erfahrungsgemäß häufig Stress auftritt, können zu einer Aufforderung werden, achtsam zu sein.

In den asiatischen Ländern erinnern Tempelglocken traditionell daran, in den gegenwärtigen Moment zurückzukehren. Alle Gespräche und Tätigkeiten werden unterbrochen, um innezuhalten und bewusst zu atmen.

Wenn das Telefon klingelt, nehmen Sie das Klingeln als ein Signal, um Ihre Aufmerksamkeit auf den Atem zu lenken. Sie springen nicht gleich hoch, sondern gehen ruhig zum Telefon und nehmen bewusst den Hörer ab.

Wenn Sie als Kassiererin an einer Kasse sitzen, atmen Sie bei jedem neuen Kunden ein und aus.
Immer, wenn Sie den Computer einschalten, atmen Sie ein paarmal bewusst ein und aus.
Bis der Fotokopierer »grün« anzeigt und startklar ist, atmen Sie bewusst ein und aus.
Das Hupen der anderen Verkehrsteilnehmerinnen kann Sie an bewusstes Atmen erinnern.
Jede Ampel, die »rot« zeigt, ist ein mögliches Signal für achtsames Atmen.

Im Haushalt, bei sich ständig wiederholenden Tätigkeiten, gibt es viele Gelegenheiten, die Aktivität ein wenig zu verlangsamen, ohne dadurch Zeit zu verlieren: mit Bedacht die Spülmaschine ausräumen, den Wäschetrockner füllen, den Kühlschrank einräumen, die Pizza belegen. Sicher entdecken Sie noch andere Routinetätigkeiten, die Sie nutzen können, um ganz in die Gegenwart zurückzukehren. Auch dabei ist es möglich, die Aufmerksamkeit hin und wieder auf den Atem zu lenken.

In Stresssituationen achtsam sein

Montagmorgen nach der zweiten Stunde. Drei Schüler stürmen nach dem Unterricht auf Herrn W. zu, bestürmen ihn mit Fragen und üben Kritik an seinem Unterricht. Die vorangegangene Stunde verlief unruhig. Es gab zahlreiche Störungen. Herr W. ist unzufrieden. Er hat das dringende Bedürfnis nach einer Pause, bevor er in die nächste Klasse muss. In Gedanken ist er bereits im Lehrerzimmer. Als Herr W. beim Verlassen des Klassenraumes aufgehalten wird, reagiert er verärgert und abweisend. Er fährt den drei Schülern über den Mund und ärgert sich hinterher über sich selber. Ein ungutes Gefühl beschleicht ihn. Er merkt, dass er nicht mehr klar denken und entscheiden kann. Herr W. steht unter Stress.

Situationen wie diese gibt es viele im Alltag, sie gehören dazu. Auch Sie kennen sicher Situationen vom Arbeitsplatz, bei denen Stress geradezu programmiert zu sein scheint. Sicher kennen Sie auch die Erfahrung, dass es Tage gibt, an denen Sie nichts so schnell aus der Fassung bringen kann. An anderen Tagen reagieren Sie viel schneller verärgert und verlieren die Balance. Auch unter erschwerten Bedingungen die Kontrolle zu behalten und sich vom Strudel der Ereignisse nicht mitreißen zu lassen, ist eher möglich, wenn Sie achtsam sind. Durch achtsames Atmen gelingt es, in Fühlung mit dem Körper zu kommen und in kritischen Situationen ganz da zu sein. Die Körpersignale, die Stress anzeigen, gelangen ins Bewusstseinsfeld. Zwar können Sie die Stressreaktion damit nicht immer vermeiden, aber dennoch erreichen, dass Sie weniger heftig abläuft:

Herr W. spürt bereits während des Unterrichts, wie Ärger in ihm aufsteigt, was ihn zu erhöhter Achtsamkeit veranlasst. Er bemerkt, dass er lauter und schneller spricht und registriert ein Brummen im Kopf als Vorbote von Kopfschmerzen.
In der kritischen Situation nach dem Unterricht lenkt er seine Aufmerksamkeit auf die Atmung und spürt, was in seinem Körper passiert. Er merkt, wie sein Herz schneller klopft und atmet dabei bewusst ein und aus. Auch das Druckgefühl im Nacken registriert er in Verbindung mit seiner Atmung. Indem er bewusst atmet, hält er seine Anspannung in Grenzen und ist voll präsent. Es gelingt ihm, die Balance zu halten und nicht vorschnell zu reagieren.

Achtsamkeit bei der Teezubereitung
Bereite eine Kanne Tee zu, für einen Gast oder für dich selbst. Mache jede Bewegung langsam in Achtsamkeit. Lass keine Einzelheit deiner Bewegungen geschehen, ohne dir ihrer bewusst zu sein. Sei dir bewusst, dass deine Hände die Kanne am Henkel hochheben. Sei dir bewusst, dass du den heißen Tee in die Tasse gießt. Folge jedem Schritt in Achtsamkeit. Atme sanft und tiefer als üblich. Werde dir deines Atems bewusst, wenn die Gedanken abschweifen.
Thich Nath Hanh

Ü Achtsam den Dingen des Alltags gegenüber

Kennen Sie das? Ein Schrank voller Kleider, aber keines, das man anziehen mag; ein Regal voller Bücher, aber keines, das man gerne immer wieder zur Hand nimmt; eine Wohnung voller Möbel, aber keines, das einem etwas bedeutet; ein Schrank voller Geschirr, aber keine Tasse, aus der man gerne trinkt?

Dinge anzuhäufen, die man nicht wirklich braucht, kann Stress verursachen. Achtsamkeit den Dingen des Alltags gegenüber bedeutet, sie nicht nach ihrem materiellen Wert zu schätzen, sondern die Schönheit im Schlichten zu entdecken, die Schönheit der einen Tasse, die Vollkommenheit ihrer Form, an der nichts Überflüssiges ist.

Lassen Sie sich einladen, dem Raum, in dem Sie sich befinden, meditative Aufmerksamkeit zu schenken. Lassen Sie ihn auf sich wirken, als ob Sie ihn das erste Mal sehen würden, achtsam, gelassen und wach.

1 Sehen

❯ Von welchen Farben sind Sie umgeben? Von warmen Farbtönen aus der Gelb-rot-braun-Palette, von kalten Farben in Blauschattierungen, von Mischfarben, die eher warm oder eher kalt wirken, von den Nicht-Farben Schwarz oder Weiß? Sind Sie von Farbkontrasten umgeben oder befinden Sie sich eher in einer Ton-in-Ton-Umgebung? Bricht sich das Licht in Naturfarbtönen unregelmäßiger Struktur oder in der klaren Fläche einer einheitlichen Farbe? Wie verändert das Licht die Wahrnehmung der Farben, die Sie umgeben?

2 Tasten

Von welchen Materialien sind Sie umgeben? Holz oder Metall, Kunststoffe, Kork oder Textilien, Glas oder Stein? Streichen Sie mit der Hand über Oberflächen in Ihrer Umgebung. Sind sie rau oder glatt, kalt oder warm? Umgeben Sie runde, eckige, spitze oder flache Gegenstände? Ertasten Sie sich Ihre Arbeitsumgebung mit ihren Formen und Oberflächen.

3 Hören

Lauschen Sie den Geräuschen in Ihrer Umgebung, dem Knacken von Holz, dem Tappen von Schritten, dem Summen des Computers, dem Klappern von Tellern, den Klängen der Musik, dem Sausen des Straßenverkehrs, dem Kreischen von Kindern, dem Tratschen der Nachbarn, dem Singen von Vögeln, dem Surren der Bohrmaschine .... Welche Geräusche dominieren?

4 Riechen

Riechen Sie aufmerksam die Gerüche in Ihrer Wohnumgebung. Erschnuppern Sie Essensdüfte, den Geruch von Reinigungsmitteln oder kalten Rauch, die fischige oder salzige Luft nahen Wassers, den Nadelduft der Bäume aus einem nahen Garten oder die Gerüche der Straße? Welchen Eigengeruch haben die Dinge um Sie herum – das Leder des Sessels, der Stoff des Kissens, die Blumen auf dem Tisch?

5 Erinnern

Welche Bedeutung haben die Dinge in Ihrer Umgebung für Sie? Hängen daran Erinnerungen? Sind die Möbel Ausdruck eines Lebensgefühls und passt dies zu Ihrem jetzigen? Sind sie Ihnen vertraut oder eher fremd? Haben Sie einen Lieblingsplatz? Was zeichnet diesen Platz aus? ❮

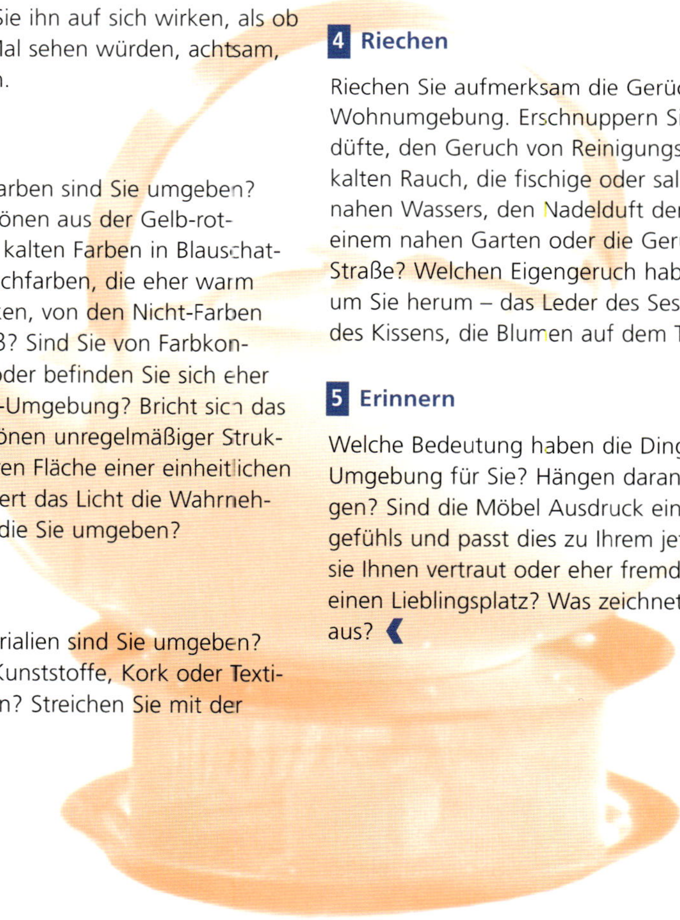

Achtung – Stress

Eine Anpassungsreaktion

Stress ist ein komplexes Geschehen, körperlich und psychisch. Der bekannte Stressforscher Hans Selye entdeckte, dass der Körper immer in einer bestimmten Weise reagiert, wenn er sich Veränderungen anpasst. Es werden Energien mobilisiert, die dazu dienen, die Situation zu bewältigen.
Der Organismus reagiert auf die so genannten Stressoren, die Stress auslösenden Reize, mit einer Aktivierung. Stresshormone werden ausgeschüttet, die Muskelanspannung steigt, das Herz schlägt schneller, die Atmung ist beschleunigt. Wenn die durch die Stressreaktion freigesetzten Energien verbraucht werden, tritt nach der Aktivierungsphase eine Erholungsphase ein. Der Körper bringt sich selber wieder ins Gleichgewicht. So gesehen ist die Stressreaktion ein notwendiger Anpassungsvorgang des Organismus an bestimmte Veränderungen oder Anforderungen und zunächst nicht schädlich.

Sie kennen sicher Situationen wie z. B. eine schwierige Verhandlung, bei der es Ihnen gelungen ist, zu einem befriedigenden Ergebnis zu kommen. Sie waren die ganze Zeit unter Spannung, hinterher fühlen Sie sich ein wenig erschöpft, aber Sie sind zufriedener. Auch anstrengende Tage, an denen Sie viele Aufgaben bewältigt haben und abends rechtschaffen müde sind, kann der Organismus gut verkraften, wenn eine ausreichende Erholungspause folgt. Diese Art Stress wird auch als positiver Stress bezeichnet. Er geht mit Spannkraft, Leistungsbereitschaft oder sogar mit Begeisterung einher. Ein wesentliches Moment bei der Bewältigung von Stress ist es, in kritischen Situationen die Kontrolle zu behalten. Negativer Stress führt zu Denkblockaden und engt den Blickwinkel auf die bedrohlichen Aspekte einer Situation ein. Es entsteht eine Art »Tunnelblick«. Das Spektrum der vorhandenen Möglichkeiten wird nicht mehr wahrgenommen.

Zu einer gesundheitsfördernden Stressbewältigung gehört, dass der rhythmische Wechsel von Aktivität und Ruhe gewährleistet ist.

Nach Zeiten mit erhöhten Anforderungen muss eine ausreichende Erholungsphase einsetzen, damit kein Zustand von Daueranspannung eintritt. Auch positiver Stress ist nicht unbegrenzt zu verkraften.
Im negativen Stress dauert die Aktivierungsphase zu lange an. Aus Anspannung wird Angespanntheit und Verspannung. Es entsteht das typische Gefühl, unter Druck zu stehen, begleitet von Gereiztheit und Nervosität. Innere Unruhe und ständiges Getriebensein stellen sich ein. Dadurch ist es nicht mehr möglich, abzuschalten und sich zu entspannen und zu erholen. Erschöpfung und eine Gefährdung der Gesundheit sind die Folge. Symptome wie Schlafstörungen oder Herzrhythmusstörungen zeigen an, dass der Organismus in einem Zustand dauernder Alarmbereitschaft ist.

Nicht immer ist Stress zu vermeiden

Es gibt immer wieder Stresssituationen, mit denen man leben muss. Einen Arbeitsplatz kann man nicht so ohne weiteres wechseln, auch wenn die Arbeit unbefriedigend ist, Kollegen und Vorgesetzte sucht man sich nicht aus. Krankheiten, Trennungen und andere schwierige Lebenssituationen sind längerfristige Stressbelastungen, die jeden Menschen treffen können.

Ressourcen, um Anforderungen zu bewältigen

In welchen Situationen der Einzelne Stress erlebt, hängt nicht nur von den äußeren Bedingungen ab. Eine entscheidende Rolle spielt dabei, wie er auf die alltäglichen kleinen und großen Anforderungen reagiert. Auch scheinbare Belanglosigkeiten, wie die alltäglichen kleinen Ärgernisse, können Daueranspannung erzeugen.

Die moderne Stressforschung hat ein gesundheitsförderndes Prinzip im Umgang mit Stress gefunden, das so genannte »Kohärenzgefühl«. Damit ist vereinfacht ausgedrückt ein gesundes Selbstvertrauen gemeint, Ereignisse und Situationen nicht als Belastungen, sondern eher als Herausforderungen sehen zu können. Die Welt erscheint erklärbar, bewältigbar und sinnvoll. Das grundlegende Vertrauen, in entscheidenden Situationen Ressourcen freisetzen zu können und in der Lage zu sein, Probleme zu strukturieren und zu bewältigen, entspricht einer Art innerer Gelassenheit, den Wechselfällen des Lebens gewachsen zu sein. Es wird Energie freigesetzt, die es ermöglicht, mit inneren und äußeren Anforderungen so umzugehen, dass kein belastender Stress entsteht.

Dieses Konzept steht eng in Zusammenhang mit einem modernen Verständnis von Gesundheit. Man glaubt heute nicht mehr, dass Menschen entweder ganz gesund oder ganz krank sind. Auch wenn Sie noch so krank sind, gibt es noch immer gesunde Elemente in Ihnen. An welcher Stelle Sie zu einem bestimmten Zeitpunkt auf der Befindlichkeitsskala von Wohlbefinden einerseits und Missbefinden andererseits stehen, ist wahrscheinlich davon abhängig, wie das Gleichgewicht zwischen den Anforderungen, die an Sie gestellt werden, und den Ressourcen, die Sie zur Verfügung haben, um diesen Anforderungen gerecht zu werden, in der letzten Zeit ausgefallen ist.

Natürlich geht es dabei nicht nur um Ihr körperliches, sondern auch um Ihr psychisches und soziales Wohlbefinden. So können auch die Anforderungen, die an Sie gestellt werden, körperlicher, psychischer, sozialer Art oder aus der Umwelt entstanden sein. Staub oder Viren, schweres Tragen oder Immer-still-Sitzen, Wünsche Ihrer Familie oder Ihres Arbeitgebers, Ihr Bedürfnis, Ihren Ehrgeiz zu befriedigen oder mit Ihrer Trauer fertig zu werden – all das sind Anforderungen. Zum Glück haben Sie viele Ressourcen körperlicher, seelischer, sozialer oder ökologischer Art damit zurecht zu kommen. Dabei weiß keiner genau, welche Anforderungen sich gegen welche Ressourcen aufwiegen lassen. Hilft Ihnen der vertraute Mensch über die Gefahr der Virusgrippe hinweg, weil er Ihr Immunsystem steigert, oder doch der Wadenwickel? Ist es Ihr Bewegungsdrang, der Ihnen hilft, mit den Kommunikationsstrukturen an ihrem Arbeitsplatz fertig zu werden? Ist es die Schönheit der Natur, die Ihren Ehrgeiz zu bezähmen vermag? Ist es Ihre innere Stärke, die Ihnen hilft, mit der Arbeitslosigkeit fertig zu werden oder doch eher die Unterstützung, die Sie von anderen bekommen?

Ressourcen haben die Eigenschaft, eine eigene Dynamik zu entwickeln. Manchmal ist es der zusätzliche Stress, der ungeahnte Kräfte in Ihnen frei setzt. Nicht immer hilft es also ausschließlich, die Anforderungen zu reduzieren. Dennoch kann es sein, dass Sie sich selbst einfach überfordern. Ruhepunkte helfen herauszufinden, wann es genug ist. Ruhepunkte können Ihnen helfen, Anforderungen zu bewältigen.

Fragen, die weiterhelfen können:

- In welcher Situation erleben Sie positiven Stress?
- Was hat Ihnen das letzte Mal geholfen, Stress zu bewältigen?
- Welche kritischen Situationen fallen Ihnen ein, in denen es Ihnen gelungen ist, Balance zu halten?
- In welcher Situation fällt es Ihnen erfahrungsgemäß schwer, die Balance zu halten?
- Kennen Sie Ihre Stressoren?
  Über welche inneren und äußeren Ressourcen verfügen Sie?

Stresssymptome achtsam wahrnehmen

Bekommen Sie manchmal Kopfschmerzen, wenn Ihnen alles über den Kopf wächst? Haben Sie schon einmal Ärger »in sich hineingefressen« und Magenschmerzen waren die Folge? Leiden Sie in stressigen Situationen an Schlafstörungen? Schnellt ihr Blutdruck in die Höhe, wenn Sie sich überfordert fühlen?

Stresssymptome sollten Sie nicht übergehen oder ignorieren, weil Sie immer auch eine Mitteilung enthalten, dass etwas aus dem Gleichgewicht geraten ist.
Spannungskopfschmerzen als typisches Stresssymptom stehen in Zusammenhang mit Sauerstoffmangel und Muskelverspannungen in Kopf, Nacken und Schultern. Aufgrund der Verspannungen verengen sich die Blutgefäße, so dass die Nervenzellen im Gehirn nicht mehr ausreichend mit Sauerstoff versorgt werden. Kopfschmerzen können sehr lästig sein, wenn konzentriertes Arbeiten erforderlich ist. Der Griff zur Tablette lässt die Schmerzen verschwinden, bringt aber gleichzeitig das Körpersignal zum Schweigen. Die Verbindung zum natürlichen Warnsystem des Körpers ist unterbrochen. Der Umgang mit Schmerzen und Symptomen kann auch darin bestehen, sie achtsam wahrzunehmen und zu versuchen, ihre Sprache zu verstehen.

Was will mir das Symptom sagen? Wenn Sie z. B. häufiger unter Kopfschmerzen leiden, lenken Sie doch einmal Ihre ungeteilte Aufmerksamkeit eine Weile auf die Schmerzempfindung und versuchen Sie zu verstehen, was dieses Körpersignal Ihnen sagen möchte. Betrachten Sie den Schmerz mit einer gewissen Distanz und schalten Sie so etwas wie einen inneren Beobachter ein.
Welche Stimmungen, Gefühle, Ereignisse gingen dem Auftreten des Schmerzes voraus? Wie fühlen Sie sich jetzt? Ängstlich, traurig, wütend, entmutigt? Was geht Ihnen durch den Kopf? Wo spüren Sie außerdem Spannungen im Körper?

Versuchen Sie, Zusammenhänge zu erkennen und Verbindungen herzustellen. Was macht mir Kopfschmerzen? Gegen was will ich mich mit meiner Verspannung abschirmen? Halte ich etwas fest, was ich loslassen sollte? Was fehlt mir? Stellen Sie eine dieser Fragen oder auch eine andere und warten Sie auf eine Antwort aus Ihrem Inneren.

Wenn Sie Stresssymptome als Signale des Körpers begreifen, als Hinweise, dass etwas aus dem Gleichgewicht geraten ist, verbinden Sie sich mit Ihrem Körper. Das Symptom wird zum Helfer, statt zum Feind, den Sie bekämpfen müssen. Vielleicht finden Sie heraus, wie der Schmerz sich ankündigt und können vorbeugend etwas unternehmen. Kopfschmerzen gehen oft kalte Hände und Füße als Zeichen von mangelhafter Durchblutung der Gliedmaßen voraus. In diesem Fall kann eine Dehn- und Streckübung aus dem Yoga (*siehe Seite 39 ff.*) Abhilfe schaffen.
Schlafstörungen (*siehe Seite 32*) sind häufig ein Anzeichen von Angst und Überlastung. Die Anwendung einer Entspannungsmethode hilft, das System wieder ins Gleichgewicht zu bringen.
Erhöhter Blutdruck kann ein Hinweis sein, dass Sie seelisch unter Druck stehen und ständig auf Hochtouren laufen. Auch hier sollten Sie neben der ärztlichen Behandlung nach den Ursachen forschen, die Sie unter Druck setzen. Selbst wenn Sie von außen nichts verändern können, gibt es Möglichkeiten, den inneren Druck abzubauen.

Veränderungen in Gang setzen

▸ Der Organismus ist ein ganzheitliches System – Körper und Seele wirken wechselseitig aufeinander ein. Erforschen Sie bei sich selber, wie Stress sich körperlich und seelisch bemerkbar macht. Stresssymptome können eine Herausforderung sein, Veränderungen in Gang zu setzen.

Ü Achtsam dem Körper gegenüber

❯ Stress kündigt sich an. Um herauszufinden, wann Stress gesundheitsschädigend ist, muss man überhaupt erst einmal bemerken, dass man gestresst ist. Ihr Körper macht Sie darauf aufmerksam, wenn Sie bereit sind, seine Sprache zu verstehen. Typische Signale sind z. B. Herzklopfen, Druck auf der Brust, kalte Hände und Verspannungen in Schulter und Nacken. Achtsamkeit dem Körper gegenüber bedeutet, vertraut mit ihm zu werden wie mit einem guten Freund, seine Signale zu beachten, ihn liebevoll zu behandeln.
Um in Stresssituationen die Sprache des Körpers zu verstehen, ist es gut, ihm in ruhigen Zeiten liebevolle Aufmerksamkeit zu schenken. Behandeln Sie Ihren Körper wie einen guten Freund, den Sie akzeptieren, wie er ist. Nehmen Sie an einem ruhigen Ort, an dem Sie nicht gestört werden können, die entspannte Rückenlage *(siehe Seite 26 f.)* ein.

Stellen Sie sich vor, dass Sie so etwas wie einen »inneren Fühler« haben, mit dem Sie Ihren Körper Punkt für Punkt abtasten können. Beginnen Sie bei den Zehen des linken Fußes und bewegen Sie sich langsam mit Ihrem »inneren Fühler« durch das linke Bein aufwärts.
Versuchen Sie alle Empfindungen in den einzelnen Bereichen wahrzunehmen und so zu akzeptieren, wie sie sind. Wenn es Ihnen schwer fällt, bestimmte Zonen zu spüren, so registrieren Sie auch dies mit Achtsamkeit.

Begleiten Sie dieses innere Spüren mit Ihrer Atmung. Überall dort, wo Ihre Achtsamkeit gerade gefordert ist, hilft vielleicht die Vorstellung, den Atem dorthin fließen zu lassen – zu ein wenig mehr Entspannung.
Vom Becken ausgehend, wo Sie womöglich ein wenig verweilen möchten, begeben Sie sich in die Zehen des rechten Fußes und durch das rechte Bein wieder zurück zum Becken. Wandern Sie weiter mit Ihrer Aufmerksamkeit aufwärts in den Bauchbereich, in den Brustkorb, bis in die Schultern. Nehmen Sie sich alle Zeit, die Sie brauchen, um zu verweilen. Spüren Sie als Nächstes die Finger Ihrer beiden Hände und atmen Sie bewusst ein und aus.
Dann bewegen Sie sich mit ihrem inneren Fühler durch beide Arme gleichzeitig aufwärts in die Schultern. Von dort aus wandern Sie weiter in den Hals, das Gesicht, den Scheitel und den Hinterkopf. Erforschen Sie nun mit Ihrem inneren Fühler Ihren Rücken von der Halswirbelsäule abwärts bis zum Steißbein und wieder zurück. Wenn Ihre Gedanken abschweifen, lenken Sie mit Hilfe der bewussten Atmung die Aufmerksamkeit auf den Körper zurück.

Wenn Sie ein wenig Erfahrung damit gewonnen haben, können Sie den »inneren Fühler« auch sitzend in einer Pause am Arbeitsplatz aktivieren. ❮

Dem »inneren Fühler« nachspüren

Den Geist nach Hause holen – im Körper sein

▸ Wenn Sie diese Übung häufiger praktizieren, entwickelt sich die Fähigkeit, die Aufmerksamkeit gezielt in jeden beliebigen Körperteil lenken zu können. Gepaart mit der Beobachtung des Atems ist diese Aufmerksamkeitsübung eine gute Grundlage für Meditationstechniken und Entspannungsmethoden. Die Aufmerksamkeit längere Zeit, ohne ablenkende Gedanken, auf den Körper zu richten, steigert die Konzentrationsfähigkeit und führt zu innerer Ruhe.

Ü Achtsam den Händen gegenüber

Ob Sie handwerklich arbeiten, am Computer sitzen, Auto fahren, am Zeichenbrett stehen, in einem Restaurant bedienen, Patientinnen behandeln oder im Haushalt tätig sind: Ihre Hände benötigen Sie immer.
Die Hände als »Greifwerkzeuge« gelten im Allgemeinen nicht als Bereiche, in denen sich Verspannungen festsetzen. Als empfindsame Körperzonen finden Sie meist wenig Beachtung. Dabei reagieren die Hände sehr sensibel auf alle inneren und äußeren Einflüsse.
Trockene, feuchte, warme, heiße, kalte, lockere, verkrampfte Hände weisen auf unterschiedliche Spannungszustände und Gefühle hin. Verkrampfungen in den Händen pflanzen sich fort, führen zu Verspannungen in der Arm- und Rückenmuskulatur und behindern den Bewegungsfluss.
Hände sind Sensoren. Wussten Sie schon, dass das »Wunderwerk der menschlichen Hand« mit einem dichten Netz von Tast-, Druck- und Schmerzsensoren ausgestattet ist? Tausende von Tastkörperchen und Nervenenden an Fingerspitzen und Handflächen senden Informationen an das Gehirn. Blinde »sehen« mit den Händen. Sie benutzen ihre Hände wie Seismographen und erspüren damit Hindernisse und freie Räume.
Hände sprechen ihre eigene Sprache. Die Hand, die den Kopf abstützt, ineinander verschlungene Hände, unruhig trommelnde Finger, Hände, die gerungen werden und die geballte Faust – sie alle sind Ausdruck unterschiedlicher Gefühlslagen und Spannungsgrade. Hände können auch Ruhe und Gelassenheit, Offenheit und Verständnisbereitschaft, Zuverlässigkeit und Tatkraft ausdrücken.
In allen meditativen Traditionen werden bestimmte Hand- und Fingerstellungen, so genannte »Mudras« benutzt, um den Energiefluss zu unterstützen. In der Meditation dienen sie der Sammlung und Konzentrationsfindung. Mudras werden auch eingesetzt, um innere Unruhe abzubauen und das vegetative Gleichgewicht wiederherzustellen. Auch alltägliche Gesten sind so etwas wie Mudras. Jede bewusst ausgeführte Haltung der Hände hat eine spezifische Wirkung.

Hände sind Organe der Berührung und Kommunikation. Jeder Mensch empfindet sanfte und behutsame Berührungen und Gesten als wohltuend und beruhigend. Gerade in angespannten Situationen kann »eine ruhige Hand«, eine liebevolle Berührung Balsam für die Nerven sein. Vielleicht sind Sie in einem pflegerischen oder sozialen Beruf tätig? Dann tut es Ihnen sicher gut, wenn auch Sie einmal ein bisschen verwöhnt werden. Lassen Sie sich doch, wenn Sie es einrichten können, in einer ruhigen Minute von einer Kollegin einmal die Hände massieren.

1 Ayurvedische Handmassage

› Mit Ihrer rechten Daumenkuppe und der Kuppe des rechten kleinen Fingers halten Sie die Kuppe Ihres linken kleinen Fingers. Massieren Sie mit Fingerspitzengefühl und Ihrer vollen Aufmerksamkeit die Fingerkuppe.
Streichen Sie nach einer Weile mit dem Ausatmen am kleinen Finger entlang bis zum Handgelenk. Anschließend nehmen Sie die Ringfingerkuppe der linken Hand zwischen Daumen- und Ringfingerkuppe der rechten Hand und verfahren genauso. Massieren Sie nach dem gleichen Prinzip Mittel- und Zeigefinger der linken Hand.
Nehmen Sie beim Daumen noch einmal den Zeigefinger zu Hilfe. Widmen Sie sich nun mit derselben liebevollen Aufmerksamkeit Ihrer rechten Hand. Nehmen Sie sich Zeit zum Nachspüren. Legen Sie Ihre Hände eine Weile in den Schoß.

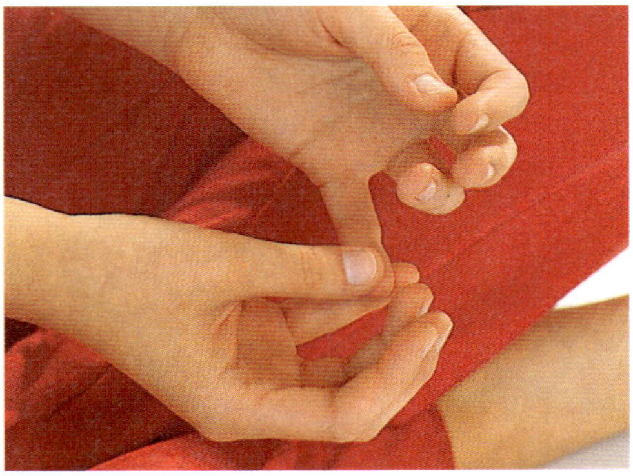

Empfindsame Kuppen

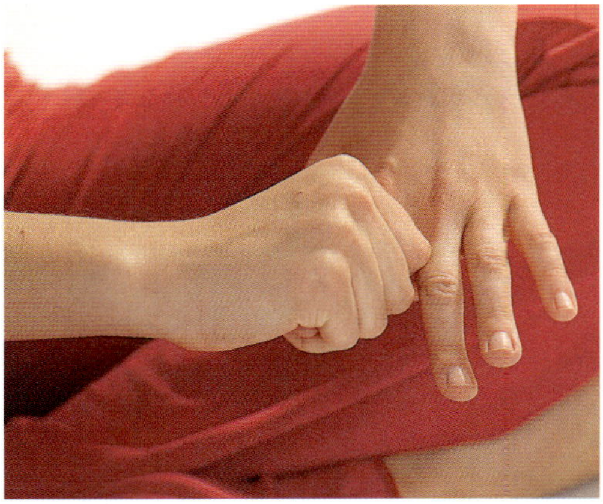

Sich verwöhnen lassen

Spannungen lösen

2 Finger ziehen

Wenn Ihre Hände verkrampft und versteift sind, können Sie die Spannung mit »Fingerziehen« auflösen.
Umschließen Sie den Daumen der rechten Hand mit der linken Hand so weit unten wie möglich. Ziehen Sie nicht zu zaghaft, aber mit Gefühl am rechten Daumen. Atmen Sie dabei einmal ein und aus. Verfahren Sie ebenso mit dem Zeigefinger, Mittelfinger, Ringfinger und mit dem kleinen Finger. Es genügt, nur einmal an dem jeweiligen Finger zu ziehen. Machen Sie das Gleiche mit der anderen Hand.

3 Handmassage für zwei

Diese einfache Massageübung wird von vielen Menschen als erstaunlich wohltuend und entstressend erlebt.
Nehmen Sie die Hand Ihrer Partnerin zwischen Ihre beiden Hände. Machen Sie sich ein wenig vertraut mit der Hand, die Sie umschließen, wie mit einer schützenden Hülle. Beginnen Sie mit der Massage, indem Sie Ihren rechten Handballen einsetzen und mit sanftem Druck die Innenhand ausstreichen: Vom Handgelenk ausgehend bis über die Fingerspitzen hinaus und wieder zurück, streichen Sie alle Spannungen weg.
Während Ihr Handballen sanft und rhythmisch hin- und hergleitet, verstärken Sie den Druck ein wenig, wenn Sie in Richtung Handgelenk massieren und verringern ihn, wenn Sie in Richtung Fingerspitzen unterwegs sind.

4 Finger atmen

In allen meditativen Traditionen gibt es verschiedene Methoden, um den Energiefluss im Körper zu spüren und Einfluss darauf zu nehmen. In diesen jahrtausendealten Traditionen sind verschiedene Arten des »Fingeratmens« bekannt, die alle die Körperwahrnehmung verfeinern und die Sensibilität der Hände ansprechen.
Probieren Sie einmal in einer ruhigen Minute »Finger atmen« aus. Sie können dabei die Erfahrung machen, wie empfindsam Ihre Finger sind und welche Verbindungen sich zwischen ihnen mittels Vernetzung im Gehirn herstellen. Setzen Sie sich in einer aufrechten, aber dennoch angenehmen Sitzhaltung an ein ruhiges Plätzchen. Achten Sie bitte darauf, dass Ihre Schultern möglichst locker sind und entspannen Sie Ihre Gesichtszüge, indem Sie ein wenig lächeln.
Lenken Sie, ruhig atmend, die Aufmerksamkeit in die locker geöffneten Hände, die vor dem Körper, etwa in Höhe des Bauchnabels schweben. Nach dieser Einstimmung beginnt die eigentliche Übung:
Richten Sie Ihre Aufmerksamkeit auf Ihre beiden Daumen. Versuchen Sie mit Ihrem Gefühl ganz in den Daumen zu sein. Während Sie bewusst ein- und ausatmen, verbinden Sie in Ihrer Vorstellung den Daumen der rechten Hand mit dem der linken Hand. Spüren Sie aufmerksam in das sich einstellende Gefühl.

Als Nächstes verbinden Sie in Ihrer Vorstellung den Zeigefinger der linken Hand mit dem der rechten Hand. Verbinden Sie, indem Sie weiterhin bewusst ein- und ausatmen, auch die beiden Mittelfinger, Ringfinger und kleinen Finger in Ihrer Vorstellung miteinander.
Wesentlich ist, dass Sie während der Übung gefühlsmäßig wirklich in Ihren Fingern bzw. in Ihren Fingerspitzen sind. Spüren Sie, wie sich ein Energiefeld zwischen Fingern und Handflächen aufgebaut hat? Wenn Sie die Übung ausklingen lassen wollen, legen Sie die hoffentlich erwärmten Hände noch eine Weile auf den Bauch. ❮

Die beste Art

Die beste Art des Berührens ist, es mit Achtsamkeit zu tun. Thich Naht Hanh

Indische Weisheit

In der Gesundheitslehre des indischen Ayurveda werden den einzelnen Fingern Organe und entsprechende energetische Verbindungen zugeordnet:
Daumen – Gehirn
Zeigefinger – Lungen
Mittelfinger – Darm
Ringfinger – Nieren
Kleiner Finger – Herz

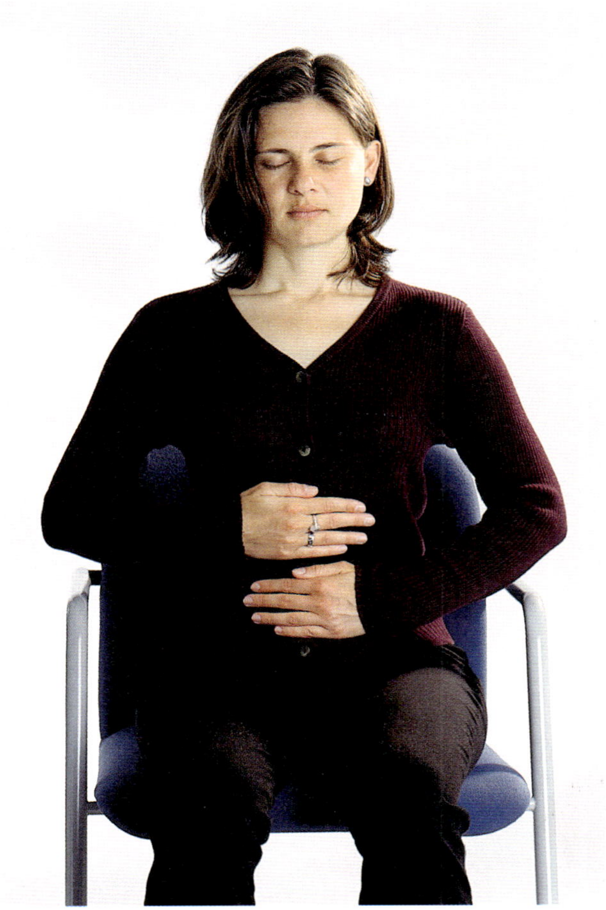

Die entstandene Wärme nutzen

Smard-Watch

Im Rahmen der Stressforschung wurde ein Gerät mit dem Namen »Smard-Watch« entwickelt, das am Handgelenk wie eine Uhr getragen wird und bei starken Belastungen Signale gibt. Wenn Sie Ihre Hände beachten und mit Ihnen vertraut geworden sind, sagen Ihnen diese hochwirksamen Sensoren ebenfalls: »Achtung Stress – achtsam sein!«

Den Händen eine Pause gönnen

- Lösen Sie sich ganz bewusst von Tätigkeiten, wenn Sie diese beendet haben oder eine Pause machen. Wenn Sie am Computer sitzen, über eine neue Idee nachdenken, achten Sie darauf, dass Ihre Finger nicht die ganze Zeit in der angespannten Arbeitshaltung verweilen.

Fingerkuppen

- Von Pianisten wird berichtet, dass sie älter werden als der Durchschnitt der Bevölkerung, weil durch das häufige Klavierspielen die Fingerkuppen stimuliert werden. Fingerkuppenmassage ist wie eine Massage der inneren Organe. Nutzen Sie diese einfache Möglichkeit!

Ü Ruhepunkte setzen

Bei wichtigen Entscheidungen, wenn ein neuer Arbeitsabschnitt beginnt oder wenn Sie in eine Gesprächssituation gehen, hilft eine kurze Phase der Sammlung und Klärung. Um vorschnelles Handeln zu vermeiden, kann es gerade in Situationen, in denen Sie unter Zeitdruck stehen, nützlich sein, eine Pause einzulegen und den »inneren Beobachter« einzuschalten.

1 Die Hände in den Schoß legen

❯ Sie sitzen an einem Ort, an dem Sie möglichst nicht gestört werden, im Fersensitz. Zur Unterstützung können Sie sich ein oder zwei Kissen zwischen Fersen und Oberschenkel legen. Sitzen Sie entspannt und aufrecht, die Hände liegen locker übereinandergelegt im Schoß, die Daumenkuppen berühren sich.

Vorschnelles Handeln vermeiden

Lenken Sie Ihre Aufmerksamkeit auf Ihren Atem, ohne ihn zu beeinflussen. Beobachten Sie mit geschlossenen Augen, welche Gedanken und Gefühle Ihnen jetzt bewusst werden. Schauen Sie die inneren Vorgänge wie einen Film an, den Sie vorüberziehen lassen. Beobachten Sie nur was geschieht, ohne es zu bewerten.
Immer, wenn Ihnen etwas bewusst wird, egal was es ist, lassen Sie es mit dem Ausatmen los. Beenden Sie die Übung, wenn sich Ihr Gedankenfluss beruhigt hat.

2 Anti-Stress-Mudra

Dieses Mudra können Sie überall machen: vor dem Fernseher, in der Straßenbahn, in Gesprächssituationen, am Arbeitsplatz und zu Hause. Wenn Sie dabei sind, einen »kniffeligen« Text zu entwerfen, kommen Sie mit Hilfe dieses Mudras vielleicht auf neue Ideen.

Rechte Hand: Bringen Sie die Fingerkuppen des Daumens, des Mittelfingers und des kleinen Fingers zusammen.

Linke Hand: Legen Sie die Daumenkuppe auf die Kuppe des kleinen Fingers. Die anderen Finger strecken Sie bitte so locker wie möglich geradeaus. ❮

Geduld
Hast Du die Geduld zu warten, bis der Schlamm sich gesetzt hat und das Wasser klar ist? Kannst Du unbewegt verweilen, bis die rechte Handlung von selbst auftaucht?
Lao-tse, Tao-te-ching

Ohne zu urteilen
Achtsamkeit beinhaltet auf eine bestimmte Art und Weise aufmerksam zu sein: Bewusst im gegenwärtigen Moment und ohne zu urteilen.
Kabat-Zinn

Den inneren Entspannungskünstler wecken:

Loslassen

und entspannen

In den Strudel geraten
Den Dingen ihren Lauf geben
Alles fließen lassen
Sich dem Fluss des Lebens anvertrauen
Mit oder gegen den Strom schwimmen
Land ist in Sicht
Das Ufer erreicht
Boden gewonnen

Ü Spannung loslassen – entspannen

Entspannt sein – sich frei fühlen von Anspannung – wer sehnt sich nicht nach diesem angenehmen Zustand? Wie entspannen Sie sich am liebsten? In der Badewanne? Auf einem Liegestuhl im Garten? In der Sonne oder bei einer Massage?

Haben Sie schon einmal versucht, mit Hilfe einer Entspannungsmethode zur Ruhe zu kommen? Wenn Sie sich häufig nervös und angespannt fühlen, vielleicht sogar unter Schlafstörungen leiden und eher ein dynamischer Typ sind, versuchen Sie es doch einmal mit aktiver Entspannung. Das zugrunde liegende Prinzip ist verblüffend einfach und höchst wirksam. Ähnlich wie nach sportlicher Betätigung, tritt hier nach gezielter Muskelanspannung wohltuende Entspannung ein. Probieren Sie es doch gleich einmal aus, um die Grundtechnik dieser bewährten Entspannungsmethode kennen zu lernen! Setzen Sie sich dazu am besten auf einen Stuhl und sorgen Sie dafür, dass Sie in den nächsten Minuten nicht gestört werden:

Wohlgefühl überall

Ich bereite mir ein Bad,
Ritual – ein kleines Fest für mich allein –
Das Grün der Pflanzen am Fenster tut den Augen gut – …
Die Wanne gefüllt mit blauem Wasser,
sein Duft etwas süß, erinnert mich an Marrakesch.
Mit vielen Urlaubserinnerungen steig' ich ins Bad –
Ich genieße die Ruhe, Wärme und Behaglichkeit –
Die Wärme rinnt in den Körper, füllt ihn aus –
Hände, Arme, Nacken, Schultern, Rücken,
Beine, Füße,
nirgends macht die Wärme halt –
So ruhig liege ich im Wasser, ruhig und ganz entspannt –
Nichts stört, nichts lenkt mehr ab –
Wohlgefühl, überall – …
Das Wasser ist köstlich an der Haut zu fühlen …

Else Müller

1 Anspannen

❯ Versuchen Sie sich ganz auf Ihren rechten Arm und auf Ihre rechte Hand zu konzentrieren. Geben Sie sich selber ein Zeichen wie z. B. »jetzt anspannen« und ballen Sie langsam Ihre rechte Hand zur Faust.
Nehmen Sie achtsam alle sich einstellenden Empfindungen wahr. Schließen Sie die Faust noch etwas fester und halten Sie die Spannung etwa fünf Sekunden lang. Achten Sie bitte darauf, dass Sie ruhig weiter atmen.

2 Entspannen

Auf das Zeichen »loslassen« oder »entspannen« lassen Sie alle Spannungen aus der aktivierten Muskulatur entweichen.
Genießen Sie das angenehme Entspannungsgefühl in der lockeren geöffneten Hand und im Arm. Die Entspannungsphase sollte etwa eine halbe Minute dauern, damit sich das Entspannungsgefühl einstellen kann.
Versuchen Sie während der gesamten Übung achtsam alle Körperempfindungen wahrzunehmen. ❮

Durch Anspannung …

Entspannungstraining nach Jacobson

Es gibt vielleicht kein allgemeineres Heilmittel als Ruhe. E. Jacobson, 1938

Als Arzt und Wissenschaftler beschäftigte sich Jacobson ausführlich mit der Funktionsweise der Muskulatur. Er stellte fest, dass Muskelanspannung mit innerer Unruhe, Angst, Druck und Nervosität in Zusammenhang steht. Vielen seiner Patienten mit nervösen Störungen konnte er helfen, indem er bei ihnen den »Muskelsinn« weckte. Mit seiner Methode wurden sie sensibler für unterschiedliche Spannungszustände im Körper und konnten diese schließlich selber regulieren.
In vielen Untersuchungen wurde nachgewiesen, dass innere Anspannung erhöhte Muskelanspannung auslöst. Eine Lockerung der Muskulatur geht umgekehrt erfahrungsgemäß mit angenehmen Empfindungen und Gefühlen einher. Angst und Stress sind unvereinbar mit entspannten Muskeln.

Dieser psychosomatische Zusammenhang liegt dem Entspannungstraining nach E. Jacobson und auch anderen Entspannungsverfahren zugrunde. Die Wechselbeziehung zwischen psychischer und muskulärer Anspannung wird genutzt, um einen positiven Kreislauf in Gang zu setzen: Durch das Entspannungstraining werden nacheinander alle Muskelgruppen entspannt, wodurch auch eine psychische Entspannung eintritt. Das sich einstellende Ruhegefühl bewirkt wiederum eine fortschreitende Muskelentspannung.

Ein Kernsatz könnte lauten:
Je mehr ich meine Muskeln entspanne,
desto ruhiger werde ich
und je ruhiger ich werde,
desto mehr entspannen sich meine Muskeln.
Die Vorgehensweise bei dieser Methode ist auf die Beobachtung E. Jacobsons zurückzuführen, dass auf kurzfristige Anspannung der Muskulatur eine vertiefte Entspannung erfolgt.
Durch gezieltes Anspannen und Entspannen einzelner Muskelgruppen bei gleichzeitiger Konzentration auf die damit verbundenen

...zur Entspannung

Empfindungen tritt ein Zustand der Ruhe und Entspannung ein. Durch den Kontrast von Anspannung und Entspannung wird der Entspannungseffekt deutlich wahrnehmbar.
E. Jacobson nannte das von ihm entwickelte Training »Progressive Muskelentspannung«, was so viel heißt wie »Fortschreitende Entspannung«. Es ist ein leicht erlernbares Verfahren und im Alltag gut anwendbar. Es kann im Liegen, Sitzen und sogar im Stehen durchgeführt werden. Auch als Einschlafhilfe hat sich diese Methode bewährt.

Für Einsteigerinnen geeignet

▸ Wenn Sie mit Entspannungstraining beginnen wollen, ist diese Methode gut geeignet, weil sie leicht erlernbar ist. »Aktive Entspannung« kann auch den Einstieg in das »Autogene Training« erleichtern und gut damit kombiniert werden.

Ü Die kleine Entspannungspause

Wenn Sie es irgendwie einrichten können, so legen Sie in Ihrem Tagesablauf öfter eine kurze Entspannungspause ein. Ein kleines Anti-Stress-Programm baut Spannungen ab und verhilft Ihnen zu frischer Energie. Wenn Sie nur ganz wenig Zeit haben, beginnen Sie mit fünf Minuten. Machen Sie lieber nur eine Übung in Ruhe und mit Achtsamkeit, statt mechanisch das ganze Programm abzuspulen.

Nehmen Sie eine für Sie angenehme Sitzhaltung ein und schließen Sie die Augen. Stellen Sie sich innerlich auf Ruhe und Entspannung ein. Sagen Sie sich sinngemäß: Die nächsten Minuten gehören mir und meiner Erholung.

Entspannungspause im Büro

1 Entspannung der Arme

› Ballen Sie die Hände zu Fäusten und drücken Sie damit auf die Oberschenkel. Halten Sie die Spannung für etwa fünf Sekunden, das ist etwa ein Atemzug lang. Achten Sie darauf, dass Sie ruhig weiter atmen, das hilft Ihnen, die Anspannung richtig zu dosieren.
Öffnen Sie die Hände und lassen Sie alle Spannungen entweichen. Erleben Sie bewusst die eintretende Entspannung und den Unterschied von Anspannung und Entspannung. Lassen Sie sich Zeit. Die Entspannungsphase sollte mindestens 30 Sekunden dauern, das sind etwa sechs Atemzüge lang. Wiederholen Sie die Übung noch einmal. Lassen Sie es geschehen, dass die Entspannung sich ausbreitet.
Schließen Sie die Hände zur Faust, beugen Sie beide Arme und ziehen Sie die Arme an den Oberkörper heran. Halten Sie die Spannung wieder für etwa fünf Sekunden und atmen Sie ruhig dabei weiter.
Öffnen Sie die Hände und lassen Sie die Arme locker in den Schoß fallen. Genießen Sie die darauf folgende Entspannung. Wiederholen Sie die Übung noch einmal.

2 Entspannung der Beine und Füße

Inzwischen haben Sie vielleicht schon ein Gefühl dafür entwickelt, wie lange die Anspannungs- und die Entspannungsphase sein sollen und vergessen auch nicht das ruhige Atmen. Richten Sie Ihre Aufmerksamkeit nun auf Beine und Füße. Wenn es möglich ist, ziehen Sie die Schuhe aus.
Krallen Sie die Zehen ein – atmen Sie ruhig weiter – und lassen Sie wieder locker. Heben Sie die Fußballen an und ziehen Sie die Zehen in Richtung Kopf – und lassen Sie wieder locker.
Stemmen Sie beide Füße in den Boden und spannen Sie die Beinmuskeln an – und lassen Sie wieder locker. Genießen Sie das sich ausbreitende Entspannungsgefühl in den Beinen und Füßen. Lassen Sie es geschehen, dass die Entspannung sich immer weiter ausbreitet.

In den Schultern loslassen

3 Entspannung der Schultern und des Nackens

Richten Sie nun Ihre Aufmerksamkeit auf Schultern und Nacken. Ziehen Sie die Schultern hoch – halten Sie die Spannung – und lassen Sie wieder locker. Noch einmal die Schultern hochziehen – halten – und fallen lassen.

Drücken Sie die Schulterblätter zusammen – vergessen Sie bitte nicht, ruhig weiter zu atmen – und lassen Sie wieder locker. Noch einmal die Schulterblätter zusammendrücken und lösen.

Ziehen Sie den Kopf in den Nacken und drücken Sie ihn ein wenig nach hinten – und lassen Sie wieder locker.
Wiederholen Sie die Nackenübung noch einmal und spüren Sie anschließend aufmerksam in das sich einstellende Entspannungsgefühl in Schultern und Nacken.

4 Entspannung von Bauch und Becken

Richten Sie Ihre Aufmerksamkeit auf den Bauch und das Becken. Ziehen Sie die Bauchdecke nach innen und spannen Sie die Gesäßmuskeln an, indem Sie den Po zusammenkneifen. Die Spannung wieder etwa einen Atemzug lang halten und locker lassen. Lassen Sie sich mindestens sechs ruhige Atemzüge für die Entspannung Zeit. Spüren Sie, wie Bauch und Becken sich jetzt anfühlen.

5 Entspannung des Gesichts

Gehen Sie zum Abschluss noch einmal mit Ihrer Aufmerksamkeit in Ihr Gesicht. Spannen Sie die Gesichtsmuskulatur an, indem Sie die Zähne zusammenbeißen, die Lippen aufeinanderpressen, die Augen zusammenkneifen und die Stirn runzeln.
Sollte Ihnen diese Übung schwer fallen, können Sie statt dessen auch alle Gesichtsmuskeln an der Nasenspitze zusammenziehen. Halten Sie die Spannung – atmen Sie ruhig weiter – und lassen Sie alle Spannung aus dem Gesicht entweichen.
Genießen Sie ruhig atmend das angenehme Entspannungsgefühl. Spüren Sie noch einmal im ganzen Körper nach, wie die entspannten Bereiche sich jetzt anfühlen.
Wenn Sie die Übung beenden wollen, recken und strecken Sie sich, als ob Sie gerade aufgewacht wären. ❮

Behutsam mit sich sein

▸ Wenn Sie unter schmerzhaften Verspannungen leiden, konzentrieren Sie sich in diesen Bereichen einfach nur auf Entspannung. Die Sensitivität der Muskelsinne wird auch gesteigert, wenn Sie nur minimal anspannen.

Variantenreich

Das Tiefenmuskel-Entspannungstraining nach Jacobson wurde im Laufe der Zeit vielfach verändert. Mittlerweile gibt es verschiedene Varianten in Kurzform.

Ü Ruhehaltungen

Wenn Ihr Körper liegt, ist es für Sie wesentlich leichter, loszulassen als in irgendeiner anderen Haltung. Das Liegen verringert Muskelspannungen, die im Stehen oder Sitzen notwendig sind, um die Schwerkraft zu überwinden.
Wenn Sie sich nach einem hektischen Tag nach Ruhe und Entspannung sehnen und am liebsten »alle Viere von sich strecken möchten«, geben Sie diesem Bedürfnis ruhig nach. Die Welt sieht gleich ganz anders aus, wenn die Lage entspannt ist.

Entspannte Lage

1 Entspannte Rückenlage

› Legen Sie sich auf einer festen, ebenen Unterlage auf den Rücken und strecken Sie die müden Glieder aus. Beugen Sie die Knie und ziehen Sie beide Beine noch einmal an den Körper heran.
Lassen Sie jetzt langsam die Füße über den Boden gleiten, während Sie die Beine ausstrecken. Dadurch verkleinern Sie den Hohlraum unter Ihrem Kreuz. Drehen Sie die Beine ein paar Mal nach innen und nach außen, bis sie ganz von selbst nach außen fallen. Machen Sie das Gleiche mit den Armen, bis auch diese locker neben dem Körper liegen.
Rollen Sie nun Ihren Kopf behutsam von einer Seite zur anderen, um in der Mitte die richtige Lage zu finden. Die Arme liegen entspannt neben dem Körper, die Handinnenflächen zeigen nach oben. Die Beine sind etwas gegrätscht, die Fußspitzen fallen locker nach außen. Sie sollten sich in dieser Lage wirklich wohl fühlen, um sich fallen lassen zu können.

2 Entspannte Rückenlage mit Hilfsmitteln

Wenn Sie Probleme mit Ihrem Rücken haben, nutzen Sie Hilfsmittel, um die richtige Ruhehaltung zu finden.
Eine Lockerung der Nacken- und Schultermuskeln wird gefördert, indem Sie Nacken und Hinterkopf entsprechend abpolstern. Falten Sie ein Handtuch längs und rollen Sie es locker zu einer Nackenrolle zusammen. Legen Sie sich ein gefaltetes Badetuch unter den Kopf, so dass Nackenrolle und Kopfpolster eine Ebene bilden.
Stützen Sie die Kniekehlen mit einer Deckenrolle ab. Dadurch liegt Ihr Kreuz flacher auf dem Boden und die Kniegelenke werden nicht überstreckt.
Wenn Sie ein Säckchen mit Reis oder Kirschkernen griffbereit haben, legen Sie sich dieses auf den Bauch. Das fördert eine rasche Entspannung der Bauchmuskeln und erleichtert die Entspannung der Rückenmuskeln.
Spüren Sie, wie Ihr Körper gut abgestützt vom Boden getragen wird?

Hilfsmittel bei der Rückenlagerung

Auch in der Seitenlage möglich

3 Sich fallen lassen

Bei dieser Übung werden während der Anspannungsphase die Körperteile angehoben und mit dem Ausatmen wieder fallen gelassen. Finden Sie Ihren eigenen Rhythmus, genießen Sie die Entspannungsphase, die deutlich länger sein sollte als die Anspannungsphase.
Heben Sie den rechten Fuß etwa drei Zentimeter vom Boden ab, spannen Sie die Beinmuskeln an und lassen Sie das Bein wieder fallen. Wiederholen Sie den gleichen Vorgang mit dem linken Bein.
Heben Sie das Gesäß vom Boden ab, spannen Sie die Gesäßmuskeln an. Das Gesäß wieder ablegen und entspannen.
Spannen Sie die Brustmuskeln an, heben Sie den Brustkorb hoch, die Hüften bleiben am Boden, ebenso der Kopf. Dann den Brustkorb senken und entspannen.
Heben Sie die Schultern vom Boden ab und ziehen Sie die Schultern in Richtung Ohren. Lassen Sie die Schultern sinken und wieder an den Boden fallen. Ziehen Sie nacheinander die Arme am Körper entlang nach unten und lassen Sie wieder locker.
Heben Sie die rechte Hand etwa drei Zentimeter vom Boden ab, machen Sie eine Faust und spannen Sie den Arm an. Lassen Sie den Arm wieder fallen und öffnen Sie die Hand. Wiederholen Sie das Gleiche mit der linken Hand. Heben Sie den Kopf ein wenig an, drücken Sie das Kinn auf das Brustbein und drehen Sie den Kopf sachte hin und her. Finden Sie eine bequeme Lage in der Mitte und lassen Sie den Kopf wieder sinken.
Ziehen Sie alle Gesichtsmuskeln in der Mitte zusammen und öffnen Sie dann das Gesicht, indem Sie die Zunge herausstrecken und die Augen aufreißen. Entspannen Sie Ihr Gesicht. Bleiben Sie noch ein wenig auf dem Rücken liegen und genießen Sie es, wie die Entspannungswellen sich ausbreiten.
Lassen Sie sich genug Zeit, um aus der Ruhelage wieder zurückzukommen. Atmen Sie ein paar Mal tief durch, dann bewegen Sie Hände und Füße, Arme und Beine. Zum Schluss kräftig recken und strecken, dehnen und gähnen nach Herzenslust. Der Körper braucht ein Signal, damit sich wieder eine gewisse Spannung einstellt, die notwendig ist, um aktiv sein zu können. ❮

Entspannungswellen

Ein Grundprinzip der Entspannung ist die Schulung der Körperwahrnehmung. Die meisten Menschen nehmen die Vorgänge im eigenen Körper kaum wahr, die Aufmerksamkeit ist nach außen gerichtet. Für das Erlernen einer Entspannungsmethode ist jedoch die feine Wahrnehmung dessen, was im Körper geschieht, von großer Bedeutung.
Je mehr Sie in der Lage sind, die mit der Entspannung verbundenen Körpergefühle wahrzunehmen, desto eher breiten sich die Entspannungswellen aus – es entsteht eine positive Kettenreaktion.

In den Schlaf fallen

Gehören Sie zu den Menschen, die sich manchmal abends im Bett hin- und herwälzen und keinen Schlaf finden? Haben Sie auch schon einige von den bewährten Tipps ausprobiert? Heiße Milch mit Honig trinken, vor dem Schlafengehen einen Spaziergang machen, ein warmes Fußbad nehmen und natürlich Schafe zählen.

Entspannungsübungen einsetzen

Sie können auch einmal eine Entspannungsübung vor dem Einschlafen durchführen. Zur Schlafanbahnung haben sich alle Formen des Muskelentspannungstrainings und Übungen aus dem Autogenen Training (*siehe Seite 77 ff.*) bestens bewährt.
Der Schlaf-Wach-Rhythmus ist eine ganz natürliche Form von Anspannung und Entspannung. Stress und ständiges Angespanntsein können diesen Urrhythmus empfindlich stören.
Ebenso wie Entspannung lässt sich auch der Schlaf nicht willentlich herbeiführen. Je mehr man schlafen will, desto wacher wird man.
Wenn Sie Entspannungsübungen machen, trainieren Sie damit auch genau jene Fähigkeit, die einen erholsamen Schlaf anbahnt: alle körperlichen Spannungen und alle spannungserzeugenden Gedanken loszulassen.

Schlafstörungen gelassen begegnen

Schlafstörungen sind weit verbreitet. Jedoch gehen Menschen ganz unterschiedlich damit um. Die Angst vor einer schlaflosen Nacht und davor, sich am nächsten Morgen wie gerädert zu fühlen, macht die Schlafstörung erst richtig zum Problem. Am besten scheinen jene dran zu sein, denen es gelingt, die Wachzeiten gelassen hinzunehmen und nicht dagegen anzukämpfen. Einfach nur im Bett zu liegen, die nächtliche Ruhe und die wohlige Bettwärme zu genießen, ohne unbedingt schlafen zu wollen, angenehme Erinnerungen zu wecken – manchmal stellt sich der Schlaf dann ganz von alleine ein. Manche Leute nutzen sogar die Wachzeiten, um Dinge zu tun, zu denen sie tagsüber keine Zeit haben: Sie hören Musik, lesen, schreiben einen Brief und genießen die nächtliche Stille und Ruhe. Bevor man zur Schlaftablette greift, sollte man auch andere Möglichkeiten ausprobiert haben.
Entspannungsübungen sind schon deswegen eine bewährte Einschlafmethode, weil Sie dem »Schreckgespenst des Wachliegens« damit gelassener begegnen können.

Versuchen, sich von Problemen zu lösen

Manchmal sind es ungelöste Probleme, die den Schlaf verhindern. Wenn es ein Problem gibt, das Sie am Einschlafen hindert, geben Sie es ab. Selbst wenn Sie nicht gläubig sind, können Sie die folgende Möglichkeit, die von Schlafexperten empfohlen wird, einmal ausprobieren: Stellen Sie sich eine höhere Instanz vor, außerhalb oder in Ihrem Innern und lösen Sie sich von dem Problem, indem Sie es vertrauensvoll an diese Instanz abgeben.

Paradox, aber wirksam
Ein viel beschäftigter Mann, der bei seinem Arzt Hilfe suchte, weil er nicht schlafen konnte, bekam verordnet, dass er in der nächsten Nacht unbedingt wach bleiben müsse.
Der Arzt sagte: *Nehmen Sie Ihre Bücher mit ins Bett. Sobald Sie bemerken, dass der Schlaf Sie übermannt, gehen Sie sofort dagegen an.*
In der folgenden Nacht schlief der Mann durch.

Wach sein, wenn alle schlafen
▶ Sollten Sie einmal nachts im Bett wach liegen, versuchen Sie einfach die nächtliche Stille zu genießen. Um sie herum wird es immer stiller. Die Lichter der Stadt gehen nach und nach aus. Welch ein Luxus, den Augenblick völliger Ruhe ganz für sich alleine haben zu können und nichts zu tun.

Ü Sich fallen lassen in der Bauchlage

Viele Kinder – manchmal auch Erwachsene – bevorzugen, um zu entspannen, die Bauchlage. Vielleicht fühlen auch Sie sich auf dem Bauch liegend besonders wohl und können sich so am besten dem Boden anvertrauen.

1 Aktivieren

❯ Bevor Sie sich fallen lassen, aktivieren Sie Ihre Bauch- und Beinmuskeln – um so besser können Sie die anschließende Entspannungsphase erleben und genießen. Sie liegen auf dem Bauch, die Arme lang über dem Kopf ausgestreckt, die Stirn ruht am Boden. Stellen Sie die Zehen auf und heben Sie beide Knie und den Kopf ein wenig an. Richten Sie Ihre Aufmerksamkeit auf den Bauchnabel. Drücken Sie die Bauchdecke an den Boden, wenn Sie einatmen und ziehen Sie die Bauchdecke nach innen, wenn Sie ausatmen. Wiederholen Sie die Aktivierung der Bauchmuskeln in Verbindung mit der Atmung etwa zehnmal.

2 Entspannen

Legen Sie danach die Fußrücken ab und die rechte Wange auf den Boden. Erleben Sie den Entspannungsprozess. Wiederholen Sie die Aktivierung und die Entspannung noch einmal. Legen Sie danach die linke Wange an den Boden.
Vertiefen Sie die Entspannung, indem Sie sich noch mehr in den Boden sinken lassen. Die Beine sind gegrätscht, die Füße leicht nach außen gedreht. Verschränken Sie beide Arme und legen Sie die rechte Hand auf die linke Schulter und umgekehrt. Schieben Sie Ihre Ellenbogen weit nach vorne und betten Sie Ihren Kopf seitlich auf die Arme. Wichtig ist, dass der Kopf entspannt liegt.
Probieren Sie aus, wie es sich anfühlt, wenn die Arme angewinkelt auf dem Boden liegen, die Hände übereinander und die Stirn auf den Händen ruht. Finden Sie die für Sie angenehme Lage heraus. Einfach nur auf dem Bauch zu liegen und vertrauensvoll zu spüren, wie der Boden trägt, kann Erinnerungen an vergangene Kindheitstage wecken. An Tage, als es einfach war, sich fallen zu lassen und die Welt rings um sich herum zu vergessen.

3 Ein Ruhewort einsetzen

Angenommen, es gäbe ein Zauberwort, mit dem Sie einen wohltuenden Zustand der Ruhe und Entspannung herbeiwünschen können. Welches »Ruhewort« kommt Ihnen in den Sinn? »Gelöst«, »ruhig«, »entspannt«, »locker«, »loslassen« oder fällt Ihnen etwas ganz Anderes ein?
Wenn Sie ein wenig Erfahrung mit »aktiver Entspannung« gewonnen haben, möchten Sie vielleicht einmal ausprobieren, die Muskeln ohne vorheriges Anspannen zu lockern.
Dabei hat es sich bewährt, ein »Ruhewort« einzusetzen.
Machen Sie es sich in Ihrer Lage richtig bequem. Lassen Sie Ihre Gedanken wie Wolken am Himmel vorüberziehen. Spüren Sie Ihren Körper und die wohlige Wärme. Wandern Sie mit wolkenleichter Aufmerksamkeit durch Ihren Körper und lassen Sie alle Spannungen mit Ihrem »Ruhewort« entweichen. Sie beginnen mit den Füßen, spüren die Fußsohlen, die Zehen und sprechen dabei innerlich Ihr »Ruhewort«: »loslassen« oder »entspannt, entspannt ...«
Auch die Beine entspannen sich ganz von alleine mit Ihrem Zauberwort: die Waden, die Knie, die Oberschenkel. Spüren Sie den Bauch- und Beckenbereich und Ihr Gesäß, wie es tief in die Unterlage sinkt – wiederholen Sie das »Ruhewort«. Auch der Brustkorb entspannt sich ganz von alleine. Einfach nur verweilen, das Ruhewort wiederholen und die Entspannung geschehen lassen. Fühlen Sie, wo Ihr Rücken die Unterlage berührt, lassen Sie sich sinken, sprechen Sie innerlich »entspannt, entspannt, entspannt«. Füllen Sie Hände und Arme mit Ihrer Aufmerksamkeit aus. Während Sie alle Spannungen entweichen lassen, wiederholen Sie wieder »locker« und »gelöst« oder »federleicht«, ganz Ihren Vorstellungen entsprechend. ❮

Daueranspannung loslassen

Spannung

Eine Grundspannung, d.h., ein bestimmtes Aktivitätsniveau des menschlichen Organismus, ist für körperliche und geistige Tätigkeiten notwendig.
In Belastungssituationen ist die Muskelanspannung erhöht. Der Organismus stellt zusätzliche Energien bereit, um die Situation zu bewältigen. Die Stressreaktion, auch Kampf- oder Fluchtreaktion genannt, ist ein uralter Mechanismus. Erhöhte Muskelkraft hilft, drohenden Gefahren mit Kampf oder Flucht zu begegnen.

Eine Situation, in der Muskelspannung gebraucht wird

Der zivilisierte Mensch, der sich körperlich wenig verausgabt, baut die erhöhte Muskelanspannung nicht ab und gerät zunehmend unter inneren Druck. Regelmäßiges Entspannungstraining und eine verbesserte Körperwahrnehmung tragen dazu bei, dass es nicht zu Dauerspannungen kommt.
Achten Sie einmal darauf, ob Sie in Stresssituationen die Schultern hochziehen. Dies ist ein uralter Reflex, der Kopf und Hals als besonders gefährdete Zonen schützen soll. Die Stressoren, die Stress auslösenden Reize, haben sich verändert, der uralte Mechanismus ist geblieben.

Nicht immer führt Stress zu einem verspannten Schulter-Nackenbereich. Es können sich auch die Rücken- oder Bauchmuskeln, die Bein- oder Armmuskeln, ja sogar die Muskeln der Hand, verkrampfen und verspannen. Anspannungen, die nicht aufgelöst werden, verhärten nicht nur die Muskeln, sondern können auch die Funktion der inneren Organe beeinträchtigen.
Wenn Sie häufiger auf Ihren Körper achten, werden Sie feststellen, dass manchmal schon Geringfügigkeiten, wie wütend die Fäuste zu ballen oder die Zähne zusammenzubeißen, zu übermäßigen Muskelkontraktionen im ganzen Körper führen. Wenn Sie stattdessen bewusst die Hände entkrampfen, die Gesichtsmuskeln entspannen und in den Schultern loslassen, gelingt es Ihnen vielleicht sogar, sich von der inneren Anspannung zu befreien.
Je vertrauter Sie über Entspannungsübungen und andere Möglichkeiten der Körpererfahrung mit Ihrem Körper werden, um so besser können Sie auch unterschiedliche Spannungszustände wahrnehmen und beeinflussen.

Zu viel am Hals?

▸ Verspannungen können körperliche und seelische Ursachen haben. Auch geistige Überanstrengung oder »Stress im Kopf« führt zu Verspannungen, insbesondere im Halsbereich. Stellen Sie sich in einer ruhigen Minute auch einmal die Frage, ob Sie »zu viel am Hals haben«.

Ruhe strömt durch mich hindurch

Ich fühl' mich wie eine Katze, die in der Sonne schnurrt.
Ich merke, wie langsam sanfte Träume kommen – meine Seele scheint aus Samt und Seide.
Ich sinke, ohne jeden Gedanken, in diese umfassende Ruhe tief hinein, die wie ein schützender Mantel mich umhüllt – Körper, Geist und Seele sind in gutem Gleichgewicht, Ruhe strömt durch mich hindurch – Ich überlasse mich ihr.

Else Müller

Entspannung

Immer, wenn Sie eine Situation oder ein Ereignis als erhöhte Anforderung erleben, wird der Sympathikus als Teil des vegetativen Nervensystems erregt. Stresshormone werden ausgeschüttet, die Muskelanspannung steigt, die Atmung beschleunigt sich, das Herz schlägt schneller ...

Diese körperlichen Alarmierungsvorgänge sind eine biologische Reaktion des Organismus, um zusätzliche Energien zu mobilisieren. Natürlicherweise erfolgt nach einer Phase der Anspannung eine Phase der Entspannung, in der sich die körperlichen Vorgänge normalisieren.

Viele Menschen in der heutigen Zeit leiden unter Daueranspannung. Sie haben Ängste, fühlen sich überfordert und machen sich häufig sorgenvolle, belastende Gedanken. Das vegetative Nervensystem gerät in dauernde Alarmbereitschaft. Für die körperlich-seelische Gesundheit ist es aber von Bedeutung, dass nach Stress-Belastungen die Erregung des sympathischen Nervensystems sich legt oder rückgängig gemacht wird. Dies kann mit Hilfe von Entspannung erreicht werden.

Wenn Sie auch nur einen der körperlichen Vorgänge, die bei Stress-Belastungen aktiviert werden, normalisieren, vermindert sich die Erregbarkeit des gesamten Nervensystems. Über die Entspannung der Muskeln, Yogahaltungen, das entspannte Atmen, rhythmische Bewegungen und über beruhigende, angenehme Vorstellungen und Gedanken ist es möglich, das vegetative Nervensystem ausgleichend und beruhigend zu beeinflussen.

Entspannung ist ein Prozess unterschiedlicher Tiefe und Dauer. Mit der Kurzentspannung am Arbeitsplatz oder zwischendurch wirken Sie einem ständigen Aufbau von Spannungen entgegen. Während der Tiefenentspannung, die etwa 15 bis 30 Minuten dauert, wird die so genannte Entspannungsreaktion ausgelöst.

Der Organismus schaltet um auf die parasympathische Funktion des vegetativen Nervensystems: Es tritt ein schlafähnlicher Zustand ein, in dem sich Körper und Seele erholen und regenerieren können, die Muskeln entspannen sich. Der Blutdruck sinkt, Atmung und Pulsschlag verlangsamen sich, die Haut wird besser durchblutet, die Organsysteme schalten auf Sparflamme, Vorgänge, die der Erholung und Regeneration dienen, werden aktiviert.

Auch das Gehirn entspannt mit. Die Gehirnwellen verlaufen in einem langsameren, großen Muster, so genannten Alpha-Wellen. Die rechte Gehirnhälfte als Hauptsitz der schöpferischen Fähigkeiten wird aktiviert. Bei dieser niedrigen Gehirnfrequenz kann es zu plötzlichen Ideen und Problemlösungen kommen, die über angestrengtes Nachdenken nicht erreicht werden.

Zu allen Zeiten haben Menschen nach Möglichkeiten gesucht, Körper und Seele positiv zu beeinflussen. Allen Methoden gemeinsam ist, dass sie, wenn sie regelmäßig geübt werden, die Belastungsfähigkeit erhöhen und zu einer gelasseneren Lebenshaltung beitragen. Bei der Stressbewältigung haben sich Entspannungsmethoden bewährt, um in schwierigen Situationen nicht die Kontrolle zu verlieren. Die Erfahrung, sich selber von Druck befreien zu können, stärkt das Selbstvertrauen.

Wenn Sie bemerken, dass das Entspannungstraining Ihnen gut tut, dass Sie vielleicht wieder ruhiger schlafen und mit Belastungssituationen gelassener umgehen können, sind Sie ganz sicher auf dem richtigen Weg.

Wege entdeckt man beim Gehen

- Sich Zeit nehmen – sich einlassen – nicht zu viel wollen – sind Voraussetzungen, damit Entspannung geschehen kann.
- Haben Sie vielleicht einen Lieblingsplatz in Ihrer Wohnung oder in Ihrem Haus, wo es ruhig ist und wo Sie ungestört sind? Machen Sie ihn zu Ihrem Rückzugsort, zu einer »Insel der Ruhe«, auf die Sie sich immer wieder zurückziehen können.
- Wenn Sie gerne mit Musik entspannen, stimmen Sie sich damit auf Ruhe ein. Nutzen Sie die Ihnen vertrauten Entspannungshilfen, um an positive Erfahrungen anzuknüpfen.

Ü Ampelübungen

Was tun, wenn Sie an manchen Tagen einfach nicht die Zeit oder die Gelegenheit für eine längere Entspannungsübung im Sitzen oder im Liegen finden?
Wenn Sie merken, dass Spannungen sich immer mehr aufbauen, ist es möglich, über kurzfristige Unterbrechungen – kurzes Innehalten – Abhilfe zu schaffen.
Der Diplom-Psychologe Dr. Gert Kaluza nennt solche »Mini«-Entspannungspausen »Ampelübungen«. Wie beim »Stopp« an der Verkehrsampel können Sie zwischendurch »anhalten« und eine »Entspannungsminute« einlegen. Kurzes Innehalten, den Körper spüren – eine Minute lang eine entspannte Körperhaltung einnehmen, kann schon Spannungen abbauen.

1 Entspannter Stand

› Sie stehen ruhig und aufrecht, die Füße schulterbreit voneinander entfernt und parallel nach vorne gerichtet. Die Knie sind leicht gebeugt und entspannt. Das Gewicht ist gleichmäßig auf beide Füße verteilt, Sie spüren den Kontakt der Füße mit dem Boden.
Ihr Becken richten Sie auf, indem Sie die Bauchdecke leicht nach innen ziehen – so kann sich Ihre Wirbelsäule frei nach oben entfalten. Der Brustkorb ist weit und offen, der Nacken lang und gedehnt.
Lassen Sie Ihre Schultern nach unten sinken, so dass Hände und Arme ganz natürlich und entspannt hängen. Schwingen Sie Ihren Körper ein wenig hin und her wie ein Baum im Wind, um in der Mitte zur Ruhe zu kommen.

2 Kurz vor dem Abheben

Heben Sie beide Fersen an, schließen Sie die Hände zu Fäusten, ziehen Sie die Bauchdecke nach innen – halten Sie die Spannung – bitte ruhig weiter atmen – und lassen Sie mit dem Ausatmen los.

3 Fest in den Boden

Die Knie sind leicht gebeugt. Drücken Sie beide Füße fest in den Boden, aktivieren Sie Ihre Beinmuskeln, spannen Sie Bauch- und Gesäßmuskeln leicht an, dabei richtet sich Ihr Becken auf. Achten Sie darauf, dass Schultern, Arme und Hände locker und entspannt bleiben.
Halten Sie die Spannung, indem Sie ruhig weiter atmen – und wieder locker lassen.

4 Loslassen denken

Heben Sie beide Fersen an und schließen Sie die Hände zu Fäusten. Lassen Sie die Fersen fallen und öffnen Sie die Hände. Jedesmal, wenn die Fersen fallen und die Hände sich öffnen, können Sie innerlich »loslassen« denken. Wiederholen Sie etwa eine Minute lang »anspannen und entspannen« auf diese Art und Weise. ‹

Strömen und fließen?
Entspannung geht mit angenehmen Körperempfindungen einher.
Welche Gefühle sind Ihnen im Zustand der Entspannung vertraut?
Schwere?
Wärme?
Leichtigkeit?
Gefühle des Strömens und Fließens?
Werden auch Ihre Gedanken weniger und kommen allmählich zur Ruhe?

Mini-Pausen
▸ Kurzfristige Unterbrechungen können dazu beitragen, dass Spannungen sich nicht aufstauen. Solche Pausen können Sie sich überall und immer gönnen, zum Beispiel auch anstelle einer Zigarette …

Sich wohl fühlen im Körper:

Sanftes Strecken *und Dehnen*

Hatha-Yoga
Die Gegensätze von Sonne und Mond vor einen Karren spannen – das hilft Körper und Seele ins Gleichgewicht zu bringen.

Ü Wie ein Baum im Gleichgewicht bleiben

Wünschen Sie sich manchmal, ruhig und unerschütterlich zu sein: wie ein Baum und allen Stürmen gewachsen?
Asanas, so heißen die Körperübungen aus dem Yoga, sprechen nicht nur die äußere, sondern auch die innere Haltung an. Während Sie in der Baumstellung, auf einem Bein stehend, regungslos verharren, wird auch Ihr inneres Gleichgewicht davon beeinflusst. Aufgewühlte Gedanken kommen zur Ruhe und je länger Sie in dieser Position verweilen, desto friedlicher können Sie sich fühlen.
Inneres und äußeres Gleichgewicht beeinflussen sich wechselseitig. Wenn Sie die Baumstellung einnehmen, können Sie nicht gleichzeitig an die vielen hundert Erledigungen denken, die noch anstehen und sich damit verrückt machen. Sammeln Sie sich stattdessen in der Baum-Haltung und konzentrieren Sie sich anschließend auf das Notwendige. Finden Sie immer wieder Ihr Gleichgewicht. Üben Sie den Baum schrittweise, entsprechend Ihren körperlichen Voraussetzungen, bevor Sie die Endposition einnehmen.

1 Gewicht verlagern

❯ Sie stehen aufrecht und entspannt mit geschlossenen Beinen. Verlagern Sie Ihr Gewicht auf die rechte Seite und stellen Sie den linken Fuß auf den rechten.
Heben Sie dann die Arme über den Kopf und drücken Sie die Handflächen leicht gegeneinander. Bleiben Sie ruhig atmend so lange in dieser Stellung, wie Sie das Gleichgewicht halten können.
Senken Sie die Arme und nehmen Sie wieder die Ausgangsposition ein. Spüren Sie nach, ob sich die beiden Körperseiten unterschiedlich anfühlen. Machen Sie dann die Übung auf dem linken Bein stehend.

2 Auf einem Bein stehen

Legen Sie jetzt den linken Fuß an den rechten Unterschenkel. Führen Sie wieder beide Arme seitwärts nach oben. Um das Gleichgewicht zu halten, können Sie sich unterstützend einen Punkt suchen, den Sie mit den Augen fixieren. Legen Sie eine kleine Pause zum Nachspüren ein, bevor Sie die Übung auf der anderen Seite durchführen.

3 Im Boden verwurzelt

Nehmen Sie Ihren linken Fuß mit beiden Händen und legen Sie ihn an die Innenseite des rechten Oberschenkels.
Stellen Sie sich vor, dass Sie ein Baum sind und mit dem Fuß im Boden verwurzelt sind. Hände und Arme streben nach oben, wie Äste, die zum Himmel wachsen, während Sie ruhig ein- und ausatmend das Gleichgewicht halten. ❮

Fest verwurzelt wie ein Baum

Sonnen- und Mondkräfte verbinden
Der Begriff »Yoga«, abgeleitet von »Yui«, bedeutet so viel wie anjochen, vereinigen oder verbinden. »Ha« bedeutet Sonne, »Tha« Mond. Hatha-Yoga sind die Körperübungen des Yoga. Körperliche, geistige und seelische Kräfte sollen miteinander verbunden werden, so dass sie eine Einheit bilden.

Hatha-Yoga

Sind Sie vielleicht der Auffassung, Yoga sei nur etwas für besonders gelenkige Leute, die dauernd auf dem Kopf stehen und mit ineinander verschlungenen Beinen auf dem Boden sitzen? Neben den bekannten Yogahaltungen wie Kopfstand, Lotossitz und Kerze gibt es eine Reihe einfacher, sanfter Übungen, die für jedermann geeignet sind. Ob Sie alt oder jung sind, sportlich oder unsportlich – es ist jederzeit möglich, mit Yoga zu beginnen.

In der Regel besteht eine »Asana« oder Körperstellung aus drei Phasen. In der ersten Phase nimmt man langsam und bewusst die Stellung ein. In der zweiten Phase verharrt man so lange in der Position, wie es angenehm ist und versucht dabei, den Körper so gelöst wie möglich zu lassen. In der dritten Phase löst man die Position genauso langsam und bewusst wieder auf.
Während der gesamten Übung wird angestrebt, in Verbindung mit der Atmung zu bleiben. Auf diese Weise ist es möglich, sich in jede der Positionen einzufühlen, die eigenen Grenzen kennen zu lernen und schrittweise zu erweitern.
Im Yoga gibt es keine abrupten Bewegungen, die die Produktion von Milchsäure im Muskelgewebe anregen und zu Muskelkater und Ermüdung führen. Typisch ist nach Abschluss einer Übungsreihe ein Gefühl von Frische und Energie, das u.a. auf die vertiefte Atmung und die verbesserte Versorgung mit Sauerstoff zurückzuführen ist.
Im Yoga geht man davon aus, dass der Atem Träger von Prana, der Lebensenergie ist. Durch Yogaübungen wird der Prana-Fluss im Körper angeregt, spürbar als Gefühl von Energie und Lebensfreude.

Regelmäßiges, gezieltes Dehnen und Strecken, wie es bei den Yogaübungen erfolgt, löst tief sitzende Verspannungen und Blockaden im Körper auf. Die Muskeln arbeiten weich, entspannen sich leicht und reagieren auf ein Minimum an Nervenimpulsen. Durch die langsamen Bewegungen und das Verharren in den einzelnen Positionen hat Yoga eine stark isometrische

Mit Unterstützung fällt es leichter

Komponente – der ganze Körper wird sanft trainiert und ein harmonisches Muskelgleichgewicht hergestellt. Die Gefahr einer übermäßigen Belastung von Muskeln, Bändern und Gelenken, wie es bei manchen Sportarten der Fall ist, besteht nicht.
Regelmäßige Yogapraxis fördert eine gute Körperhaltung und eine elastische, biegsame Wirbelsäule. Wenn Sie sich häufig steif und verspannt fühlen, so können Sie durch die sanften Dehn- und Streckübungen erreichen, dass Sie Ihren Körper als beweglicher, geschmeidiger und vitaler erleben.

Nach Herzenslust

▶ Sich dehnen und strecken entspricht einem natürlichen Bedürfnis. Genießen Sie es besonders nach dem Aufwachen morgens im Bett. Recken und strecken Sie sich nach Herzenslust und immer wieder im Laufe des Tages!

Ü Geschmeidig wie eine Katze

Sicher haben Sie schon einmal eine Katze beobachtet, bevor sie ihr Lager verlässt. Sie macht einen riesigen Katzenbuckel und dehnt sich genussvoll in die Länge.
Wenn Sie sich steif und verspannt fühlen vom langen Sitzen, wenn der Rücken schmerzt und der Kopf raucht, schlüpfen Sie doch einmal für eine Weile in die Gestalt einer Katze und genießen Sie sanftes Dehnen. Die Katzenübungen sind für die ersten Erfahrungen mit Yoga gut geeignet, sie können statisch und dynamisch durchgeführt werden.

Hohle Katze – Einatmen

Ausgangsposition der Katzenübungen

Wiederholen Sie diesen Bewegungsablauf ein paar Mal in einem weichen fließenden Rhythmus, verbunden mit dem Ein- und Ausatmen.

Verweilen Sie dann noch einmal in jeder Position drei Atemzüge lang und spüren Sie in die Dehnung.

1 Die »dynamische« Katze

› Knien Sie sich mit aufgestützten Händen auf den Boden. Die Knie sind etwa hüftbreit auseinander, die Hände direkt unterhalb der Schultern platziert. Achten Sie darauf, dass Ihre Oberschenkel möglichst im rechten Winkel zum Boden sind.

Einatmend machen Sie ein leichtes Hohlkreuz und heben den Kopf. Ausatmend ziehen Sie den Bauch stark ein und richten sich vom Steißbein her zu einem Katzenbuckel auf.

Katzenbuckel – Ausatmen

Die Katze legt die Pfoten ab – Einatmen

2 Die Katze legt die Pfoten ab

Sie sind im Vierfüßerstand. Legen Sie die Unterarme am Boden ab. Der Kopf und der Oberkörper sind jetzt tiefer als das Becken. Machen Sie beim Ausatmen einen Katzenbuckel, beim Einatmen gehen Sie in eine leichte Hohlkreuzhaltung.
Spüren Sie, wie Ihre Brustwirbelsäule sich dehnt und die Schulterblätter sich bewegen? Fühlen Sie die angenehme Wärme in diesem Bereich und wie sich Ihr Rücken belebt.

3 Die Katze wedelt

Bleiben Sie in der gleichen Stellung auf die Unterarme gestützt und heben Sie jetzt die Füße

Die Katze legt die Pfoten ab – Ausatmen

an, so dass die Knie noch den Boden berühren. Drehen Sie die angehobenen Füße zur Seite und richten Sie den Blick über die Schulter auf die Fersen, so dass die Wirbelsäule sich leicht dreht.

Kehren Sie ausatmend in die Mittellage zurück und machen Sie den Rücken rund. Setzen Sie die Bewegung einatmend in die andere Richtung fort.
Wiederholen Sie die Bewegungsabfolgen ein

Die Katze wedelt

paar Mal und lassen Sie sich Zeit, bis ein harmonischer Bewegungsfluss entsteht. Legen Sie die Füße ab und die Stirn an den Boden und ruhen Sie sich aus.

Die Katze hält das Gleichgewicht

4 Die Katze hält das Gleichgewicht

Gehen Sie noch einmal in den »Vierfüßerstand«, um Ihre Rückenmuskulatur zu stärken. Strecken Sie einatmend den rechten Arm nach vorne aus und das linke Bein nach hinten. Verweilen Sie einige Atemzüge lang in dieser Position und spüren Sie, wie der gesamte Rücken wohltuend gestreckt wird. Halten Sie ruhig atmend das Gleichgewicht und genießen Sie die Beweglichkeit Ihres Körpers.

Kommen Sie ausatmend in die Ausgangsposition zurück. Führen Sie nun die gleiche Übung mit dem linken Arm und dem rechten Bein aus.

Setzen Sie sich danach auf die Fersen, um ein wenig auszuruhen.

Wenn Ihnen dieser Übungsteil nicht behagt oder Sie sich einfach mal Abwechslung wünschen, dann können Sie an dieser Stelle auch variieren:
Ausgangsposition ist der Vierfüßerstand. Strecken Sie nacheinander den rechten Arm, den linken Arm, das rechte Bein und das linke Bein aus. Verweilen Sie in jeder Position einige Atemzüge lang. Spüren Sie, wie jedesmal andere Muskelgruppen angesprochen werden. Ruhen Sie sich danach im Fersensitz oder in der Kaninchenstellung aus (*siehe Seite 48*).

5 Der Tiger

Sie sitzen auf den Fersen, der Rücken ist möglichst gerade, die Hände liegen auf den Oberschenkeln.

Der Tiger beim Einatmen

Nehmen Sie einatmend mit aufrechtem Oberkörper und nach vorne ausgestreckten Armen den Kniestand ein. Dabei setzen Sie Ihre Gesäß- und Oberschenkelmuskulatur ein, ohne sich vorzubeugen oder Schwung zu nehmen.

Beugen Sie sich ausatmend langsam nach vorne und stützen Sie sich mit den Händen am Boden ab, in den Vierfüßerstand.
Wiederholen Sie diesen Bewegungsablauf ein paar Mal, um ein Gefühl für das richtige »Sich-Aufheben« und Absenken zu bekommen.

Der Tiger beim Ausatmen

Beugen Sie nun das rechte Knie und ziehen es nach vorne. Senken Sie gleichzeitig den Kopf und versuchen Sie, mit der Nase das Knie zu berühren.

Strecken Sie das rechte Bein nach hinten hoch und heben Sie den Kopf, der Blick ist nach oben gerichtet.
Wiederholen Sie den Bewegungsablauf – Knie anziehen – Bein nach hinten hochstrecken – etwa fünfmal. Gehen Sie in die Ausgangsposition zurück, um danach die Übung mit dem linken Bein auszuführen.

6 Der Löwe

Wenn Sie sich geärgert haben und am liebsten brüllen möchten, gehen Sie doch einmal in die Löwen-Stellung. Ihr Gesicht entspannt sich und Sie können danach wieder lachen.

Knien Sie sich hin, das Gesäß ruht auf den Fersen, die Zehen sind aufgestellt, die Hände liegen auf den Oberschenkeln. Spreizen Sie Ihre Finger und gleiten Sie langsam nach vorne, bis die Fingerspitzen den Boden berühren. Atmen Sie kräftig durch den Mund aus und stoßen Sie einen »Aah«-Laut aus. Gleichzeitig strecken Sie die Zunge so weit wie möglich heraus und reißen Ihre Augen auf. Verharren Sie in dieser Position so lange Sie können.

Schließen Sie dann den Mund und atmen Sie durch die Nase wieder ein. Setzen Sie sich zurück auf die Fersen.

Wiederholen Sie die Übung zwei- bis dreimal und genießen Sie danach die Entspannung und Lockerung der Gesichts- und Halsmuskeln.

Der Löwe

7 Die Katze streckt sich

Sie gehen noch einmal in den Vierfüßerstand und lassen Ihre Hände langsam nach vorne gleiten, bis die Stirn den Boden berührt. Die Oberschenkel halten Sie im rechten Winkel zum Boden. Verharren Sie eine Weile in dieser Stellung und spüren Sie die angenehme Dehnung in den Schultern und in der Brustwirbelsäule.

Versuchen Sie, den Oberkörper mit jedem Ausatmen etwas näher an den Boden zu bringen, um ihn auf diese Weise zu strecken und zu entspannen.

Die Tigerentspannung

Die Katze streckt sich

8 Tigerentspannung

In der Bauchlage drehen Sie sich ein wenig nach links und legen das rechte Bein und den rechten Arm angewinkelt vor den Körper. Der linke Arm liegt locker hinter dem Körper, der Kopf ruht auf der linken Seite.
Geben Sie ausatmend alle Restspannungen an den Boden ab. Spüren Sie Ihr Gesicht und wie der Boden Sie trägt. ❮

Geschmeidig

Einige Yogaübungen erinnern an die Streckbewegungen von Katzen, die Sinnbild für Geschmeidigkeit und Entspannung sind. Die Katzenübungen verbessern die Elastizität der Wirbelsäule, fördern die Durchblutung der Bauchorgane und helfen bei stressbedingten Verdauungsproblemen.

Dafür ist es gut

Die Tigerübung stärkt die Gesäß- und Bauchmuskulatur und vergrößert die Beweglichkeit der Hüftgelenke. Sie vertieft die Atembewegung im gesamten Lungenbereich.
Der Hals-Nasen- und Rachenraum wird bei der »Löwen-Stellung« vermehrt durchblutet. Für Menschen, die viel Ihre Stimme einsetzen müssen, ist diese Übung besonders wohltuend.
Bei der »Katzenstreckung« wird die Brustwirbelsäule belebt und die Gelenkigkeit der Schultern gefördert.

Rückengerechtes Üben

▶ Indem Sie die Bauchmuskulatur nach innen ziehen, gleichen Sie ein Hohlkreuz aus. Der lange, leicht gedehnte Nacken entsteht, wenn Sie das Kinn leicht anziehen.

Ü Am Morgen die Sonne begrüßen

Die Sonne wird in fast allen Kulturen als Leben spendende Kraft verehrt. Sie ist Symbol für Fruchtbarkeit, Wachstum, Wärme, Gleichgewicht und Gerechtigkeit, Leben und Licht. Die Sonne ist für alle da.
In Japan, dem Land der aufgehenden Sonne, pilgern Tausende von Japanern am Neujahrstag an den Meeresstrand von Futamigaura bei Ise, um die Sonnengöttin Amaterasu zu ehren.
Im Islam werden die Zeiten für Gebete und Fastentage nach dem Stand der Sonne festgelegt.
In Indien erbitten die Gläubigen an den Ufern heiliger Flüsse den Segen des Sonnengottes Surja. In Indien ist es die seit zweitausend Jahren praktizierte Übungsreihe »Surya-Namaskar«, mit der die Leben spendende Kraft der Sonne verehrungsvoll gegrüßt wird. Diese Übungen sind auch im Westen beliebt.

Auch heute noch drücken viele Menschen mit dem Sonnengruß beim Auf- und Untergang der Sonne ihre Dankbarkeit und Verehrung aus.
Am Morgen wird dieses Bewegungsritual im Freien, mit Blick auf die Sonne, durchgeführt.
Die Yogis gehen davon aus, dass die ersten Eindrücke des Tages den gesamten Tagesverlauf beeinflussen. Die Kraft der Sonne beim Sonnenaufgang zu fühlen und Ruhe und Stille beim Sonnenuntergang sind Möglichkeiten, mit den Rhythmen der Natur in Verbindung zu treten.
Selbst wenn Sie sich die Sonne nur vorstellen, können Sie etwas von ihrer Kraft fühlen, denn die Vorstellung ist die Sprache, die der Körper versteht.
Der Sonnengruß trägt zum Körperwohlgefühl bei, beruhigt aber auch mental. Das innere Bild der Sonne führt zu einer angenehmen Körperstille. Die Übungsreihe ist eine wirkungsvolle Konditionsübung, um sich für den kommenden Tag mit seinen vielfältigen Aufgaben und Anforderungen bereit zu machen.
Gerade für Menschen, die wenig Zeit haben, ist der Sonnengruß eine Möglichkeit, täglich etwas für die Gesundheit zu tun. Die einzelnen Körperhaltungen sind so aufeinander abgestimmt, dass jeder Muskel des Körpers arbeitet und der gesamte Organismus positiv beeinflusst wird.
Die Bauchorgane werden massiert und gedehnt, die Verdauung wird angeregt und der Blutkreislauf aktiviert. Bei täglicher Übung werden Wirbelsäule und Gelenke beweglicher. Ein angenehmes Wärmegefühl, Wachheit und Konzentrationsfindung sind eine gute Basis, damit Stress gar nicht erst entsteht.

Machen Sie den Sonnengruß im Sommer im Freien, früh am Morgen, wenn es noch ganz still ist. Starten Sie ruhig und hellwach in den Tag! Der Sonnengruß, hier in einer etwas vereinfachten Form mit Zwischenstufen, ist eine Abfolge von zwölf Positionen, die im Bewegungsfluss miteinander verbunden werden.
Alle Stellungen sollen ruhig, gleichmäßig und rhythmisch ausgeführt werden, ohne Anstrengung. Üben Sie zunächst die einzelnen Positionen, um sie dann locker und leicht miteinander zu verbinden.
Vom Sonnengruß gibt es viele verschiedene Versionen. Die Koordination mit der Atmung kann dann erfolgen, wenn die Bewegungsfolge klar ist. Üben Sie so, dass Sie nicht außer Atem geraten. Ruhen Sie sich nach Abschluss der Übung in der Rückenlage aus.

Sich auf den Tag einstimmen

Wenn Sie den Sonnengruß am Morgen ausführen, beginnt der Tag für Sie mit einer positiven Grundstimmung. Sie brauchen nur eine Wolldecke oder Übungsmatte auszurollen und vielleicht ein wenig früher aufzustehen.

Drei-Minuten-Yoga

Jede der Positionen kann auch als Einzelübung durchgeführt werden. Machen Sie Ihren Bedürfnissen entsprechend ein oder zwei Elemente aus dem Sonnengruß im Stand, in der Bauchlage oder im Vierfüßerstand.

Statisch und dynamisch

Im Yoga kennt man neben den statischen Haltungen, den »Asanas«, auch dynamische Bewegungsabläufe, die so genannten »Karanas«. Sie werden in fließenden Bewegungen durchgeführt.

1 Sammlung

Sie stehen aufrecht und entspannt, die Hände sind vor der Brust zusammengelegt. Lassen Sie vor Ihrem inneren Auge eine aufgehende Sonne erscheinen.

Das Bild der Sonne vor dem inneren Auge

2 Dem Himmel entgegenstrecken

Heben Sie langsam beide Arme über den Kopf, strecken Sie sich nach oben und spannen Sie die Gesäßmuskulatur leicht an. Lehnen Sie sich zurück und lassen Sie sich in Ihrer Vorstellung von der Sonne mit Wärme erfüllen.

Rückwärtsbeuge

3 Vor der Sonne verneigen

Beugen Sie sich mit möglichst gestrecktem Rücken aus der Hüfte heraus nach vorne und berühren Sie mit den Handflächen oder den Fingerspitzen den Boden.
Ebenso können Sie bei der Vorwärtsbeuge Wirbel für Wirbel abrollen, um nach unten zu kommen.

Vorwärtsbeuge – Die Erde berühren

4 Blick zur Sonne

Setzen Sie den linken Fuß zurück und legen Sie das linke Knie an den Boden. Legen Sie den Kopf in den Nacken und schauen Sie nach vorne zur »aufgehenden Sonne«.

Fuß zurück: Nach vorne schauen

5 Der Hund

Heben Sie das Knie an, verlagern Sie das Gewicht nach hinten und stellen Sie den rechten Fuß neben den linken. Ihr Körper bildet jetzt ein umgekehrtes »V«, die Fersen sind angehoben. Versuchen Sie, wenn es geht, die Fersen an den Boden zu bringen und das Gewicht noch weiter nach hinten zu verlagern.

Der Hund

6 Die Katze

Gehen Sie von der Hundestellung in die Katzenstellung, indem Sie beide Knie an den Boden legen. Sie sind jetzt im Vierfüßerstand.

7 Das Kaninchen

Legen Sie die Unterarme ab, verlagern Sie das Gewicht nach hinten, so dass das Gesäß auf den Fersen ruht.

8 Kobra und Hängebrücke

Jetzt kommt eine kleine Hürde. Berühren Sie mit der Nasenspitze den Boden und rutschen Sie nach vorne durch, bis Sie auf dem Bauch liegen. Die Ellenbogen bitte nicht nach außen drücken, nur leicht anheben. Die Hände auf Schulterhöhe abgestützt, heben Sie jetzt Kopf und Oberkörper an und gehen in die Kobra-Stellung. Das Becken bleibt am Boden.

Kobra – Den Oberkörper emporstrecken

Indem Sie die Arme durchstrecken, richten Sie sich weiter auf, bis auch das Becken vom Boden abhebt. Lassen Sie das Gesäß hängen. Verlagern Sie das Gewicht nach hinten, bis Sie wieder im Vierfüßerstand sind.

Hängebrücke – Das Becken anheben

9 Zurück zur Position »Hund«

Gehen Sie noch einmal in den »Hund«, indem Sie die Knie vom Boden abheben, die Beine strecken und das Gewicht nach hinten verlagern. Bleiben Sie auf den Fußballen, wenn es nicht möglich ist, die Fersen an den Boden zu bringen.

10 Blick nach vorne

Beugen Sie die Knie und führen Sie den rechten Fuß nach vorn, wenn es geht, zwischen die am Boden aufgestützten Hände. Legen Sie das linke Knie an den Boden.

Nach vorne schauen, Fuß zurück

11 Zurück zur Vorwärtsbeuge

Heben Sie das Knie an und stellen Sie den linken Fuß neben den rechten. Sie sind wieder in der Vorwärtsbeuge.

12 Zurück zur Ausgangsposition

Kommen Sie langsam in die Ausgangsposition zurück, indem Sie sich aufrichten, die Arme nach oben ausstrecken und sich noch einmal zurücklehnen.

Wird der Bewegungsablauf wiederholt, so setzen Sie in Position vier den rechten Fuß zurück und beugen das rechte Knie. ❮

Belastungen ausgleichen

Rückenstärkung

Wenn Ihr Rücken erzählen könnte, was ihn stärkt und was ihn belastet: Was würde er wohl am Ende eines ganz normalen Arbeitstages sagen?

Fühlen Sie Ihren Rücken nur, wenn er schmerzt, steif und verspannt ist oder ist Ihnen auch das Gefühl vertraut von einem Rücken, dem es gut geht? Bekommen Sie genügend Rückenstärkung? Der Rücken als zentrales Halteorgan des Körpers reagiert besonders empfindlich auf innere und äußere Belastungen.

Sich zu viel aufgebürdet haben
Eine Last auf den Schultern tragen
Einen Knacks bekommen
Sein Kreuz tragen

Im Volksmund gilt der Rücken seit langem als Organ, das sich meldet, wenn Belastungen überhand nehmen. Rückenschmerzen sind weit verbreitet. Experten machen dafür u.a. eine vorwiegend sitzende Lebensweise, Bewegungsmangel, nicht angemessene Haltungs- und Bewegungsgewohnheiten und ein Übermaß an Stress verantwortlich. Streit mit dem Partner, Stress mit dem Vorgesetzten, Hektik beim Einkaufen, jedes Ärgernis kann Verspannungen im Rücken auslösen.

Für Menschen, die langfristig inneren und äußeren Belastungen ausgesetzt sind, ist es besonders wichtig, aktiv zu werden und etwas für die Gesundhaltung des Rückens und damit des ganzen Körpers zu tun. Denn im Zustand der »Dauerverteidigung« verspannt und verhärtet sich nicht nur die Muskulatur, sondern Hormon- und Nervensystem und innere Organe verlieren ihre Flexibilität und die Fähigkeit, angemessen auf Belastungen und Herausforderungen reagieren zu können.
Stress geht stets mit erhöhter Muskelanspannung einher. Muskeln, die aufgrund von Fehlhaltungen oder seelischem Druck bereits gereizt oder verspannt sind, reagieren deutlich stärker, bis hin zu Muskelkrämpfen und zunehmender Einschränkung des Bewegungsapparates. Ein »gestresster Muskel« schickt zusätzlich Stresssignale durch den Körper und bewirkt eine weitere Gesamtzunahme des Muskeltonus. Gereiztheit und Nervosität als Folge davon führen zu weiteren Verkrampfungen – ein Kreislauf, der die Situation verschlimmert.

Yogaübungen durchbrechen den sich selbst unterhaltenden Stresszyklus auf mehreren Ebenen: Die sanften Muskeldehnungen der Yogaübungen werden vom Organismus als Signal der Sicherheit und des Wohlbefindens aufgenommen. Das Gehirn registriert sie als das Gegenteil von Muskelanspannungen oder Gefahrenreizen. Das durch die Dehnungen ausgelöste körperliche Wohlbefinden führt zu positiv getönten Gedanken und Gefühlen.
Verkrampfungen lösen sich, Entspannung kann sich ausbreiten. Über die vertiefte Atmung kommen auch gestaute Gefühle in Fluss.

Aufrecht stehen

Stressbelastungen ausgleichen

Yoga ist ein ideales Übungssystem, um die Folgen von negativem Stress abzubauen und stressbedingten Erkrankungen vorzubeugen.

Die verschiedenen Asanas stimulieren und beeinflussen sämtliche Körpersysteme. Sie wirken nicht nur auf den Bewegungsapparat ein, sondern auch auf die Drüsen, die inneren Organe und vor allen Dingen auf das Nervensystem. Die einzelnen Positionen stärken und beleben systematisch die peripheren Nerven und stabilisieren die neurochemische Übermittlung. Fast alle Yogahaltungen sind auf die Wirbelsäule ausgerichtet. Das Rückenmark und die dort auftretenden Nervenfasern werden durch die verschiedenen Asanas belebt und gedehnt. Für das vegetative Nervensystem sind die ruhigen, gleichmäßigen Bewegungen wie Balsam. Die Yogalehrerin und Ärztin Mary Pullig-Schatz sagt von den Übungen:
Geist und Körper arbeiten zusammen und schaffen ein physiologisches und psychologisches Milieu, welches die heilenden Kräfte in uns weckt und optimiert.

Yoga stärkt die Widerstandskräfte. Belastungen werden durch längerfristige Yogapraxis besser verkraftet. Wenn Hormon- und Nervensystem als Schalt- und Steuerzentrum für Stimmungen und Gefühle mehr ins Gleichgewicht kommen, reagieren Körper und Geist angemessen auf Herausforderungen und Gefahrenreize. Der Organismus kommt schneller zur Ruhe.

Die wohltuende Wirkung von Yoga ist von Anfang an erfahrbar, wenn Sie sich täglich ein wenig Zeit für die Übungen nehmen. Experimentieren Sie ruhig ein bisschen:

- Gehen Sie in die »Löwenstellung«, wenn Sie am liebsten brüllen möchten.
- Holen Sie sich das Gefühl, ruhig und unerschütterlich zu sein wie ein Baum, wenn Sie merken, dass Sie aus dem Gleichgewicht geraten sind.
- Rollen Sie sich zusammen wie ein Blatt, wenn Ihr Puls jagt.
- Stärken Sie täglich mit Yoga Ihren Rücken, um Stressbelastungen auszugleichen.

Inneres Körperbild

Wissenschaftler haben herausgefunden, dass die geistige Vorstellung, das Bild, das ein Mensch von sich selber hat, in hohem Maße bestimmt, welche Teile seines Körpers er aktiv benutzt und welche er »vergisst«. Ignoriert ein Mensch sein Rückgrat, schenkt er ihm nur Aufmerksamkeit, wenn es schmerzt, so wird er seiner oberen Wirbelsäule gestatten, zusammenzusinken, ohne sich dessen bewusst zu sein. Yogaübungen können dazu beitragen, dass Haltung und Körperbild sich positiv verändern. Verstärkt man mit Dehn- und Streckübungen die Blutzirkulation in den verschiedenen Körperteilen, so werden diese neu belebt, »man spürt sich wieder mehr«.

Auf die Haltung kommt es an

▶ Wie halten Sie sich? Sind Sie flexibel? Eine aufrechte Körperhaltung ist eine gute Voraussetzung, den täglichen Anforderungen mit Mut und Elan entgegenzutreten. Sich ständig verändernde Bedingungen am Arbeitsplatz erfordern innere und äußere Flexibilität. Dabei ist auch ein wohl trainierter Rücken von Bedeutung. Im Yoga gilt ein starker Rücken mit einer biegsamen Wirbelsäule als Schlüssel für Gesundheit, Vitalität und Belastbarkeit.

Misstöne

▶ Das Zusammenwirken von Wirbelsäule, Muskulatur, Sehnen, Bändern und Gelenken ist vergleichbar mit einem gut gestimmten Musikinstrument. Wer längere Zeit Yoga übt, nimmt »Misstöne« und Störungen in diesem fein abgestimmten Zusammenspiel eher wahr und kann regulierend einwirken.

Stressabbau

▶ Yoga, Asanas und eine anschließende Entspannung in der Rückenlage sind eine passende Kombination, um den Stress des Tages abzubauen und in eine friedliche Stille hineinzugleiten.

Ü Sanftes Dehnen und Strecken

Nach einem anstrengenden Arbeitstag kann ein Bewegungsritual den Übergang zu einer Phase der Ruhe und Besinnung schaffen. Die folgenden Übungen sind wohltuend für den gesamten Organismus und vor allem für den Rücken, der auf Stressbelastungen besonders sensibel reagiert. Legen Sie Ihren Stress wie eine harte Schale ab und stellen Sie sich auf weiche, angenehme Dehnbewegungen ein.

1 Dehnen und Strecken in Rückenlage

❯ Nehmen Sie zu Beginn die Rückenlage ein. Die Arme sind lang ausgestreckt über dem Kopf auf dem Boden abgelegt. Dehnen und strecken Sie nun Ihren Körper nach Herzenslust, während Sie lang und tief ein- und ausatmen.

Zuerst im Wechsel die rechte und linke Seite, indem Sie den Arm und das linke Bein von der Ferse ausgehend kräftig im Gleichgewicht ausstrecken und dann die andere Seite genauso dehnen.

Während Sie abwechselnd in Ihrem Rhythmus die linke und rechte Seite dehnen, geben Sie Ihrem Wohlbehagen Ausdruck: Summen Sie »mmmmmmmh…« beim Ausatmen.
Machen Sie danach eine Pause und spüren Sie bewusst nach, wie sich die Dehnung bei Ihnen auswirkt.
Dehnen Sie jetzt den ganzen Körper, indem Sie beide Beine von den Fersen ausgehend nach unten ausstrecken und die Arme in die entgegengesetzte Richtung. Drücken Sie zugleich den Rücken an den Boden, so dass auch die Lendenwirbelsäule möglichst flach aufliegt.

Verweilen Sie eine Zeit lang tief atmend in dieser Lage.

Legen Sie danach die Arme zurück neben den Körper und erleben Sie die entspannte und zugleich belebende Wirkung der Dehnung.

Drehbewegungen rücken manches zurecht

2 Drehlage mit gebeugten Knien

Legen Sie sich auf den Rücken. Stellen Sie beide Füße beckenbreit auseinander und möglichst nahe am Gesäß auf. Verschränken Sie die Hände miteinander und legen Sie diese über den Kopf auf dem Boden ab. Atmen Sie lang und tief ein und aus und spüren Sie Ihren Rücken, wie er auf dem Boden aufliegt.

Lassen Sie nun im Wechsel beide Beine nach rechts und links sinken, den Kopf drehen Sie in die Gegenrichtung.
Verweilen Sie auf jeder Seite vier Atemzüge lang, bevor Sie in die Mittellage zurückkehren, um auch dort viermal ein- und auszuatmen.
Lassen Sie sich Zeit, Ihren Rücken in jeder Lage zu spüren, in Verbindung mit der Atmung.
Meist wird der Rücken nur wahrgenommen, wenn er schmerzt. Schenken Sie ihm bei dieser Übung Ihre volle Aufmerksamkeit, um ihn zu stärken. ❮

Ruhepunkte entscheidend

Die Ruhephasen zwischen den Übungen sollten genauso lang sein wie die Übungen selbst. In dieser Zeit spüren Sie in alle Bereiche nach, die Sie gedehnt haben, oder richten die Aufmerksamkeit auf Ihren Atemrhythmus.

Ü Sanfte Bögen spannen

1 Die Brücke

❯ Diese Übung vertreibt stressbedingte Engegefühle: Stellen Sie wieder beide Füße möglichst nahe am Gesäß auf. Die Arme legen Sie entspannt neben den Körper auf den Boden, die Handflächen zeigen nach unten. Stützen Sie sich auf den Füßen ab und heben Sie Ihr Gesäß an, der Körper bildet jetzt eine Schräge. Bauch- und Gesäßmuskeln setzen Sie bitte ein, um das Becken zu stabilisieren. Atmen Sie tief und gleichmäßig und bleiben Sie fünf bis acht Atemzüge lang in dieser Haltung.
Rollen Sie sich dann langsam Wirbel für Wirbel mit rundem Rücken ab, so dass das Steißbein zuletzt den Boden berührt. Wiederholen Sie die Übung noch zweimal und spüren Sie wieder nach, wie sich Ihr Rücken jetzt anfühlt.

2 Das Boot

Rollen Sie sich auf den Bauch, Ihre Arme haben Sie lang nach vorne ausgestreckt, die Stirn ruht auf dem Boden. Einatmend heben Sie zur gleichen Zeit beide Arme, Kopf und Oberkörper und die gestreckten Beine so hoch wie möglich. Verweilen Sie so lange in dieser Position, wie es Ihnen angenehm ist und spüren Sie die Atembewegung im Bauch. Ruhen Sie sich aus und legen Sie die rechte Wange an den Boden. Wiederholen Sie die Übung noch einmal und legen Sie in der Ruhephase danach die linke Wange an den Boden. Lassen Sie sich nicht entmutigen, wenn Sie Beine und Brustkorb nur ein wenig anheben können – es wird von Mal zu Mal leichter gehen.

3 Die Heuschrecke

Schieben Sie beide Hände unter die Oberschenkel, die Stirn ruht am Boden. Heben Sie die gestreckten Beine an und spüren Sie die Streckung, die durch den Körper geht. Fühlen Sie sich so leicht wie eine Heuschrecke, die gleich zum Sprung ansetzt. Verweilen Sie ruhig atmend in dieser Position, so lange Sie können. Senken Sie ausatmend die Beine und ruhen Sie sich aus. Spüren Sie die angenehme Belebung im gut durchbluteten Beckenraum. ❮

Das Boot

Die Brücke

Zum Abschluss Rückenlage

▶ Ganz gleich, ob Sie alle Positionen eingenommen haben oder nur eine oder zwei: Schließen Sie Ihre Yogaübungen immer mit einer kurzen Entspannung in der Rückenlage ab.

Ü Offen für den Tanz des Lebens

Nur wenn wir selber Schritte machen, können wir den alten Tanz verändern.

1 Indische Tänzerin

❯ Sie stehen barfuß oder auf Socken in entspannter, aufrechter Körperhaltung, die Füße dicht beieinander. Halten Sie Ihre Arme angewinkelt auf Schulterhöhe, die Finger der rechten und linken Hand treffen sich auf Herzhöhe, die Handteller zeigen nach unten. Die Kuppe des rechten Daumens und rechten Zeigefingers und linken Daumens und linken Zeigefingers berühren einander.

Indische Tänzerin

Beginnen Sie, locker in den Knien, mit flachen Füßen auf der Stelle zu trampeln, so als wollten Sie Fußabdrücke im Sand hinterlassen.

Finden Sie Ihren eigenen Rhythmus, ohne sich anzustrengen; der Atem fließt ruhig und gleichmäßig. Stellen Sie sich dabei vor, dass alle Spannungen durch die Fußsohlen in den Boden geleitet werden. Trampeln Sie so lange, bis Ruhe und Wärme Sie durchströmen.

2 Schwingen

Bringen Sie danach Ihren Körper in ein sanftes Schwingen. Heben Sie die Fersen ein wenig an und verlagern Sie dabei das Gewicht auf den Vorderfuß, schwingen Sie zurück auf die Fersen und heben Sie die Zehen an.
Achten Sie darauf, im Gleichgewicht zu bleiben, wenn Sie Ballen und Fersen im Wechsel heben und senken und dabei sachte vor- und zurückschwingen.
Lassen Sie sich von der Atemwelle tragen, indem Sie nach vorne schwingend ausatmen und zurück einatmen. Stellen Sie sich Halme im Wind vor, die sanft hin- und herbewegt werden. Beim Trampeln im eigenen Rhythmus können Sie sich von angestauten Spannungen befreien. Der Körper ist anschließend gut durchblutet, die Atmung wird freier. Beim anschließenden Körperschwingen erleben Sie bewusst Ruhe und Wärmeempfindungen.

3 Kosmische Tänzerin

Sie sind ganz darauf eingestellt, sich zu sammeln, um frische Energie zu tanken. Beide Füße haben festen Kontakt zum Boden, die Hände schweben dicht am Körper übereinander, wie zwei Schalen, die bereit sind, etwas aufzunehmen. Die rechte Hand berührt den Bauchnabel, die linke das Sonnengeflecht.
Heben Sie das rechte, gebeugte Bein an, bis auf Kniehöhe, drehen Sie den Fuß ein wenig, so dass die Sohle nach links zeigt.
Konzentrieren Sie sich auf Ihre Mitte und auf Ihre Atmung, während Sie locker und leicht das Gleichgewicht halten. Spüren Sie, wie Ihr Körper mit jedem Atemzug energetisiert wird. Fühlen Sie sich leicht und frei wie ein Tänzer. Wechseln Sie nach einer Weile und führen Sie die Position auf der anderen Seite aus.

»Kosmische Tänzerin«

4 »Ich bin im Fluss«

Sie stehen aufrecht und entspannt, die rechte Hand halten Sie locker geöffnet auf der Höhe des Bauchnabels, die linke eine Handbreit über dem Kopf, mit der Innenfläche nach unten zeigend.

Heben Sie das rechte, gebeugte Bein an, bis auf Kniehöhe, drehen Sie den Fuß ein wenig, so dass die Sohle nach links zeigt. Atmen Sie viermal ruhig und gleichmäßig ein und aus und halten Sie das Gleichgewicht.

Wechseln Sie dann gleichzeitig Fuß- und Handhaltung: Während Sie den rechten Fuß aufsetzen, hebt sich der linke und während sich die rechte Hand hebt, senkt sich die linke. Atmen Sie wieder viermal ruhig und gleichmäßig ein und aus und halten Sie das Gleichgewicht.

Wiederholen Sie nun die beiden Bewegungsabläufe langsam und fließend ein paar Mal hintereinander. Stellen Sie sich dabei vor, dass Sie ein Sonnenrad mal nach rechts, mal nach links drehen. ❮

Der Strom des Lebens

Der gleiche Strom des Lebens, der Tag und Nacht durch meine Adern rinnt, durchströmt die Welt und tanzt in großen Rhythmen weiter. Tagore

So schwer braucht es nicht zu werden: Auch einfachere tänzerische Figuren und Bewegungen aus dem Yoga schulen das Gleichgewicht und fördern eine flexible, offene Körperhaltung

Ü Zusammengerolltes Blatt

Gehen Sie immer dann in diese Haltung, wenn Sie ausspannen wollen. Die Position heißt auch »Stellung des Kindes« und entspannt Körper und Psyche gleichermaßen. Durch die vermehrte Durchblutung des Kopfes erfrischt und belebt sie. Sie fördert die tiefe Bauchatmung und vermittelt ein Gefühl von Geborgenheit und Ruhe.

1 Grundposition

❯ Knien Sie sich mit geschlossenen Beinen auf den Boden. Setzen Sie sich auf die Fersen und umfassen Sie hinter Ihrem Rücken mit der rechten Hand das linke Handgelenk.
Beugen Sie sich ganz langsam nach vorne, bis die Stirn am Boden ruht. Die Brust drückt auf die Oberschenkel.
Achten Sie bitte darauf, dass Ihr Rücken möglichst gerade ist, wenn Sie sich nach vorne beugen. Die Bewegung sollte aus dem Hüftgelenk erfolgen.
Lassen Sie die Arme jetzt sinken und legen Sie die Hände mit den Handflächen nach oben locker neben den Körper. Atmen Sie ruhig und gleichmäßig ein und aus und spüren Sie die Atmung tief im Bauch.
Lassen Sie mit jedem Ausatmen Ihren Oberkörper weicher und gelöster werden.

Wie ein Blatt zusammengerollt

2 Hände am Hinterkopf gefaltet

Falten Sie die Hände hinter dem Kopf. Beugen Sie sich langsam aus dem Fersensitz mit dem Ausatmen nach vorne und legen Sie die Stirn an den Boden. Kommen Sie langsam mit dem Einatmen in die Ausgangsposition. Wiederholen Sie diese Bewegung ein paar Mal in Verbindung mit der Atmung.
Lösen Sie Spannungen im oberen Rücken: Auf den Fersen sitzend, die Hände weiterhin hinter dem Kopf gefaltet, drücken Sie die Schulterblätter zusammen. Bleiben Sie in dieser Haltung. Atmen Sie ruhig weiter. Lassen sie jetzt wieder locker.
Wiederholen Sie diese spannungslösende Position zwei- bis dreimal. Beugen Sie sich noch einmal mit dem Ausatmen nach vorne und legen Sie die Stirn an den Boden.

3 Arme nach vorne ausgestreckt

Lösen Sie jetzt die Hände vom Kopf und legen Sie die Arme möglichst lang ausgestreckt nach vorne auf den Boden. Atmen Sie lang und tief ein und aus und spüren Sie, wie Ihr Rücken sich mehr und mehr entspannt.
Gehen Sie auch bei den Vorwärtsbeugen immer nur soweit in die Dehnung, wie es angenehm für Sie ist. Die Übungen entfalten auch ihre Wirkung, wenn die Endposition nicht erreicht wird. ❮

Leitsatz

Die Yogahaltungen können mit einem Leitsatz, einer so genannten »Affirmation«, verbunden werden, um ihre Wirkung zu vertiefen. Die Übung »das Blatt« können Sie mit folgenden Affirmationen verbinden:
Ich vertraue auf meine innere Kraft.
Ich ruhe in mir.
Die Ruhe gibt mir Kraft.
Diese bekannte und beliebte Yogaposition hilft bei nervösen Herzbeschwerden, beruhigt die Emotionen und entspannt den ganzen Körper.

Energie gewinnen,
Ruhe bewahren:

Den Atem als *Verbündeten nutzen*

Leben ist Atem, und Atem ist Leben.
Solange ein Körper atmet, lebt er.

Aus den Upanishaden

Ü Die Ruhezone in der Körpermitte

Nach Phasen des Planens und Organisierens, nach »heißen« Diskussionen und Streitgesprächen haben Sie vielleicht das Bedürfnis, vorübergehend abschalten zu wollen. Wenn Ihre Gedanken und Gefühle einer aufgepeitschten Meeresoberfläche gleichen, können Sie sich dann erinnern, dass es darunter eine ruhige Zone gibt, die von Sturm unberührt bleibt. In diese Zone der Ruhe können Sie sich jederzeit zurückziehen und die tiefe Bauchatmung anwenden.

Wenn Sie diesen Text lesen, wie atmen Sie? Durch den Mund oder durch die Nase? Mehr im Brustraum oder mehr im Bauch? Atmen Sie tief oder flach, regelmäßig oder unregelmäßig? Machen Sie sich immer wieder bewusst, wie Sie atmen.

1 Bauchatmung

❯ Nehmen Sie die Rückenlage ein und stellen Sie beide Füße vor dem Gesäß auf, so dass Ihr Kreuz auf dem Boden aufliegt. Ihre Hände liegen locker auf dem Bauch. Atmen Sie langsam und gleichmäßig durch die Nase ein und aus. Richten Sie Ihre Aufmerksamkeit auf Ihre Bauchbewegung. Spüren Sie, wie sich Ihr Bauch und Ihre Hände mit jedem Atemzug auf und ab bewegen?
Beim Einatmen hebt sich die Bauchdecke, beim Ausatmen senkt sie sich. Bleiben Sie mit Ihrer ruhigen Aufmerksamkeit bei diesem Vorgang und fühlen Sie die sanfte, wellenförmige Auf- und Abbewegung Ihres Bauches.
Haben Sie ein wenig Geduld, wenn Sie bemerken, dass Sie genau andersherum atmen. Vielleicht hilft Ihnen die Vorstellung, dass der Bauch beim Einatmen dicker wird, wie ein Luftballon, der aufgeblasen wird. Beim Ausatmen wird der Bauch »dünner«, genau wie ein Luftballon, aus dem Luft entweicht.

2 Im Rhythmus der Wellen

Das Wechselspiel von Ein- und Ausatmung als rhythmisches Geschehen erinnert an das Bild der ewig wiederkehrenden Wellen am Meeresufer. Die natürlicherweise auf die Ausatmung folgende kurze Atempause, auch Atemstille genannt, findet eine Parallele im Spiel der Wellen. Sie rollen auf den Strand, fließen zurück ins Meer und scheinen sich erst einmal zu sammeln, bis der nächste Zyklus beginnt.
Stellen Sie sich vor, am Strand zu sitzen und aufs Meer zu schauen. Sie fühlen eine leichte Salzbrise auf Ihrem Gesicht und die Wärme der Sonne auf Ihrer Haut. Sie hören das Tosen der Wellen, die sich im glitzernden nassen Sand brechen.
Die Wellen rollen hin und her, hin und her. Fühlen Sie jetzt Ihren Atem, ein und aus, ein und aus, ein und aus – spüren Sie, wie Ihr Atem gleichmäßiger fließt, wie er sich dem Rhythmus des Meeres anpasst? ❮

Atmen im Urrhythmus der Meereswellen

Atemtipps

- Ein leichtes Einziehen der Bauchmuskeln beim Ausatmen fördert die Aufwärtsbewegung des Zwerchfells.
- Legen Sie öfter die Hände auf den Bauch, um einen Entspannungsimpuls zu geben.
- Lachen Sie so oft wie möglich. Der »Hauptlachmuskel« ist das Zwerchfell. Lachen ist das Anti-Stress-Mittel Nr. 1.

Der Atem

Atem ist Rhythmus

Das menschliche Leben beginnt mit dem ersten Atemzug und endet mit dem letzten. Wie würden Sie atmen, wie leben, wenn Sie wüssten, dass Ihnen nur eine bestimmte Anzahl von Atemzügen zugedacht ist, wie es in einem indischen Märchen erzählt wird?

Einatmen, der aktive Teil der Atmung, im Sprachgebrauch auch »Luft holen« genannt, sich öffnen, aufnehmen, weiter werden. Ausatmen, der passive Teil, verbunden mit sich zusammenziehen, abgeben, loslassen, entspannen. Die Atempause erfolgt nach der Ausatmung, bevor der Atem ganz von alleine wieder einströmt.

Atmen, ein harmonischer Wechsel von sich öffnen und schließen, Spannung und Entspannung, wenn der Atem fließt. Im Atemrhythmus spiegelt sich der Lebensrhythmus wider. Dieser kann ausgeglichen sein, mit einem natürlichen Wechsel von Aktivität und Ruhe, aber auch unausgeglichen, ohne ausreichende Entspannung und mit einem Mangel an Energie.

Zwerchfellatmung

Wenn Sie die Aufmerksamkeit auf die Bauchatmung lenken, stimmen Sie sich bildlich gesprochen auf die tiefer liegenden, ruhigeren Regionen Ihrer Erlebniswelt ein. Es ist die natürlichste Form der Atmung, bei der sich der Bauch durch die Bewegung des Zwerchfells beim Einatmen hebt und beim Ausatmen senkt. Im Zustand tiefer Entspannung und im Schlaf setzt automatisch die tiefe Bauchatmung ein. Vielleicht erinnern Sie sich an Situationen, in denen Sie ganz entspannt waren und das Gefühl hatten, dass der Atem frei fließt? Viele Menschen atmen gewohnheitsmäßig eher flach und mehr im Brustraum als im Bauch. Kleine Kinder, die noch keinen Stress kennen, atmen natürlicherweise aus dem Bauch heraus. Erst im Laufe der Jahre wird die natürliche Bauchatmung durch die nervöse, flache Kurzatmung ersetzt, die charakteristisch für viele Großstadtmenschen ist. Selbst wenn es um Sie herum laut und hektisch ist, so ist es dennoch möglich, mit Hilfe der Bauchatmung einen ruhigen Ort im Körperinneren aufzusuchen.
Je häufiger Sie dieses in ruhigen Zeiten tun, desto eher werden Sie sich auch in kritischen Situationen auf diesen Bereich der Mitte konzentrieren können. Die Bauchatmung kräftigt den Atem und ermöglicht es, jederzeit und an jedem Ort Ruhe im Zentrum des Körpers zu finden.

Bei der nervösen, flachen Kurzatmung, die nur im Brustraum stattfindet, wird der Organismus nur unzureichend mit Sauerstoff versorgt und Unruhezustände verstärken sich. Jedesmal, wenn Sie merken, dass Sie zu flach atmen, können Sie bewusst zur Bauchatmung übergehen. Haben Sie ein wenig Geduld. Bei vielen Menschen ist der Bauchbereich verhärtet und verspannt. Das Zwerchfell kann sich nicht frei auf und ab bewegen.

Das Zwerchfell hat beim Atemvorgang eine Schlüsselfunktion. Wie eine Kuppel spannt sich diese große, kräftige Muskelplatte zwischen Brust- und Bauchraum. Beim Einatmen zieht sich das Zwerchfell zusammen und senkt sich in die Bauchhöhle, beim Ausatmen entspannt es sich und kehrt in die Ruhestellung zurück, wobei der Raum in der Brusthöhle verkleinert wird. Diese Bewegung wirkt wie eine Art innere Massage: Wenn sich beim Ausatmen der Bauch senkt und das Zwerchfell hebt, wird dabei das Herz massiert, dehnt sich der Bauch beim Einatmen, senkt sich das Zwerchfell und massiert die Bauchorgane. Das Zwerchfell mit seinen Kolbenbewegungen wirkt wie ein kräftiger Motor für die Blutzirkulation. Durch die Druck- und Sogwirkung werden alle Bereiche unter- und oberhalb dieser beweglichen Kuppel besser durchblutet.

Atem ist Energie

Im Wald, am Meer, im Gebirge – in Gegenden mit sauerstoffreicher Luft haben Sie sicher schon einmal die Erfahrung gemacht, wie belebend und befreiend Atmen sein kann. Im normalen Alltag, wenn ein Ereignis das andere jagt, stellt sich häufig ein Gefühl von Atemlosigkeit ein. Der Körper ist mitunter so verspannt, dass tiefes Durchatmen gar nicht mehr möglich ist. Unzureichende Atmung führt zu Erschöpfung, Nervosität und schlechter Laune. Energiemangel stellt sich ein. Mit Atem-, Entspannungs- und Bewegungsübungen können Sie Ihre Atmung vertiefen und Energie gewinnen.

Die gesunde Funktion aller Körpersysteme und damit die Lebensqualität sind untrennbar mit der Atmung und einer ausreichenden Sauerstoffzufuhr verbunden. Viele Menschen, besonders wenn sie viel sitzen, nutzen nur einen Teil ihrer Lungenkapazität, sie atmen schnell und nicht tief genug.

Schauen Sie einmal auf die Uhr und achten Sie darauf, wie oft Sie in einer Minute ein- und ausatmen. Durchschnittlich sind es etwa zwölf Atemzüge pro Minute, wie man herausgefunden hat. Je flacher und schneller geatmet wird, desto weniger kann die Lunge ihre Hauptaufgabe erfüllen, Sauerstoff in den Blutkreislauf zu bringen und Kohlendioxid aus ihm heraus zu befördern.

Die für Wachstum und Zellteilung notwendigen Prozesse sind angewiesen auf ausreichende Sauerstoffversorgung – nur so kann die für alle Lebensaktivitäten notwendige Energie gewonnen werden. Die vermehrte Sauerstoffaufnahme durch tiefes, rhythmisches Atmen trägt zur Blutreinigung bei, verhilft dem Organismus, sich von Giftstoffen zu befreien und führt zu Vitalität und innerer Ausgeglichenheit.

Ein nervöser, gestresster Mensch atmet in flachen, hastigen Atemzügen. Er atmet nur eine unzureichende Menge der verbrauchten Luft aus und nimmt entsprechend wenig Sauerstoff auf. Flaches Atmen führt im Extremfall zu einer stark erhöhten Kohlendioxidkonzentration im Blut, einhergehend mit einer Verengung der Blutgefäße im ganzen Körper. Die drastisch reduzierte Sauerstoffzufuhr zum Gehirn führt zu Verspannung, Kopfschmerz und Benommenheit. Achten Sie darum gerade in Stresssituationen immer wieder auf Ihre Atmung.

Ausatmen verlängern

- Wenn Sie gestresst sind, atmen Sie in der Regel länger ein als aus. Verlängern Sie als Erstes die Ausatmung, um ein wenig »Dampf abzulassen«. Atmen Sie mehrfach hauchend auf »haaaa« aus.

Die Atemwelle spüren

- Sie stehen aufrecht und dennoch entspannt – vielleicht unter einem Baum im Park, am offenen Fenster oder in einem gut gelüfteten Raum in einer ruhigen Ecke. Richten Sie Ihre Aufmerksamkeit auf Ihren Atem. Atmen Sie ein paar Mal durch die Nase ein und aus und verlängern Sie Ihre Ausatmung.

Legen Sie eine Hand auf Ihren Brustkorb und die andere auf Ihren Bauch. Fühlen Sie, wie der Atem in einer Wellenbewegung durch den Körper geht? Beim Einatmen wölbt sich die Bauchdecke leicht nach außen, der Brustkorb weitet sich und zuletzt spüren Sie, wie sich das Schlüsselbein ein wenig anhebt.

Beim Ausatmen sinkt als Erstes der Bauch ein, dann der Brustkorb und als Letztes senken sich die Schultern und das Schlüsselbein. Lassen Sie den Atem ein- und ausströmen, ohne etwas erzwingen zu wollen.

»Es atmet mich«

Den Atem geschehen zu lassen, als passiven Vorgang zu erleben, ohne einzugreifen – zum stillen Beobachter des eigenen Atemflusses zu werden – diese Haltung entwickelt sich nicht von allein.
Sie beinhaltet die Fähigkeit, loslassen und entspannen zu können. Mit der Beobachtung des Atems gelangen auch andere Körperempfindungen, Gefühle und Gedanken ins Bewusstseinsfeld.
Im Yoga, im Autogenen Training, in allen meditativen Traditionen ist das Atemerlebnis von zentraler Bedeutung für die Entwicklung von Konzentration, Entspannung, Körpergefühl und Bewusstsein.

Atem und Gefühle

Alle psychischen Vorgänge sind eng mit der Atmung verknüpft. Wie ein Seismograph zeigt der Atem Stimmungen und Gefühle an. Erinnern Sie sich an ganz entspannte Stunden, in denen Sie beim Lesen eines Romans völlig eingetaucht waren in die Handlung?
In diesem Fall bemerken Sie den Atem kaum. In der Konfrontation mit einem Vorgesetzten dagegen ist die Kehle wie zugeschnürt und das Atmen fällt schwer. Beobachten Sie Ihren Atem, wenn Sie ängstlich, nervös, freudig-erregt, ungeduldig, zerstreut, konzentriert und entspannt sind. Sie werden feststellen, dass er sich jedesmal verändert.
Im Zustand der Freude und Begeisterung »fließt der Atem«, vor Schreck oder Kummer »erstirbt« er, Angstgefühle lassen ihn stocken, bei Wut und Ärgergefühlen geht er stoßweise, im entspannten Zustand fließt der Atem fein und leicht.
Wenn Sie dauernd »den Kopf voll haben« und Gefühle wie Trauer, Wut und Schmerz gar nicht wahrnehmen und unterdrücken, wird der natürliche Atemimpuls gehemmt. Die Atmung wird flacher, Energie und Lebensfreude nehmen ab, es kann passieren, dass Sie fast »vergessen« zu atmen. Diesen unguten Kreislauf können Sie durchbrechen, wenn Sie Kontakt mit Ihrer Atmung aufnehmen. Durch bewusstes Atmen – Atembeobachtung – sind Sie mit Ihrer

Tief durchatmen

Gefühls- und Erlebniswelt verbunden. Sie können Ihre Emotionen mit Hilfe der Atmung beobachten, beruhigen und ausgleichen. Machen Sie ab und zu Ihren Gefühlen Luft, indem Sie ausatmen, was Sie belastet.

Der Atem als Mittler zwischen geistiger und materieller Welt

In der indischen Yogalehre gilt der Atem als Bindeglied zwischen geistiger und materieller Welt und als Träger von Prana, der kosmischen Urenergie. Mit der Kontrolle über die Atmung wird angestrebt, Kontrolle über den Geist zu bekommen und den Energiefluss zu lenken.

Auch die chinesischen Weisheits- und Gesundheitslehren gehen von einer universellen Lebensenergie aus (»Chi« oder »Qi«), deren Hauptträger die Atmung ist.

Die Steuerung der Atmung erschließt unglaubliche Energiereserven laut dieser uralten Lehren und befähigt, mit jeder Art von innerem oder äußerem Druck fertig zu werden.

Auch im westlichen Kulturkreis hat die Atmung traditionell eine Mittlerrolle zwischen geistiger und materieller Welt. Dem deutschen Wort Atem liegt das indische Wort »atman« zugrunde. Dort bedeutet es ursprünglich »Gott in mir«. Im Lateinischen heißt Einatmung »Inspiration«. Auch hier klingt die Verbindung von Atem und geistig-seelischer Welt an.
Die Begriffe Atem, Luft und heiliger Geist (spiritus sanctus) waren im Mittelalter identisch. In der Antike wurde der Atmung die Rolle eines Vermittlers zwischen geistig-seelischem und körperlichem Geschehen zugesprochen.

Die Idee, über die Atmung Einfluss nehmen zu können auf körperlich-seelisches Geschehen, ist uralt und im östlichen und westlichen Denken gleichermaßen verankert. Im Autogenen Training, in der Atemtherapie, in den verschiedenen Formen der Körperarbeit wird die Kraft des Atems genutzt, um Vitalität und körperlich-seelisches Gleichgewicht zu stärken.

Die Energie des Windes nutzen

Pranayama

»Prana« heißt Lebenskraft, Lebensenergie, »Ayama« Kontrolle, Zähmung, Streckung.

Bereits vor langer Zeit erkannten die Yogis, dass Atmung und Bewusstsein eng miteinander verbunden sind. Sie entwickelten ein ganzes System spezieller Atemtechniken, um den Atem gezielt einzusetzen. Durch rhythmische Atmung wird versucht, den Geist von seiner Sprunghaftigkeit zu befreien und die Konzentrationskraft zu stärken.
Die Wechselatmung (*Seite 67*) ist z. B. eine höchst wirksame, bekannte Pranayama-Übung, die besonders entspannend wirkt und den Geist beruhigt. Sie ist auch für Anfänger geeignet und kann unter anderem eingesetzt werden, um den Organismus nach Stressbelastungen wieder ins Gleichgewicht zu bringen.

Wenn Sie mit Atemübungen ein wenig vertraut geworden sind, können Sie auch einmal versuchen, Ihr Atembewusstsein gezielt in verschiedene Körperregionen und Organe zu lenken (*Seite 73*).

Gefühle bewusst machen und mit der Atmung begleiten

- Wenn Sie häufig wütend werden und dadurch noch mehr gestresst sind, machen Sie doch einmal etwas ganz Anderes. Beatmen Sie Ihre Wut:

Beim Einatmen weiß ich, ich bin wütend.
Beim Ausatmen weiß ich, die Wut, das bin ich.
Beim Einatmen weiß ich, die Wut ist unangenehm.
Beim Ausatmen weiß ich, das Gefühl wird vergehen.
Beim Einatmen bin ich ruhig.
Beim Ausatmen bin ich stark genug,
mich um die Wut zu kümmern.
Thich Nhat Hanh

Ü Dehnungsatmung – Vollatmung

Um die Atemkapazität zu verbessern und Bauch-, Brust- und Lungenspitzenatmung in einer einzigen Ein- und Ausatmung zu verbinden, führen Sie folgende Übung liegend aus. Sie liegen entspannt auf dem Rücken, darauf eingestellt, mit jedem Atemzug Kraft zu schöpfen und die Atemräume in Ihrem Körper zu erkunden.

1 Bauchatmung

› Legen Sie beide Hände auf Ihren Bauch. Ziehen Sie die Bauchdecke beim Ausatmen nach innen und lassen Sie wieder locker beim Einatmen.
Wiederholen Sie diese Bewegung ein paar Mal und lassen Sie dann den Atem geschehen. Spüren Sie, wie sich die Bauchdecke von selber hebt und senkt?

2 Brustatmung

Legen Sie beide Hände auf den Brustkorb. Beatmen Sie Ihren Brustraum, indem Sie den Brustkorb beim Einatmen leicht anheben und beim Ausatmen senken.
Legen Sie beide Hände seitlich an den Brustkorb. Atmen Sie weiter tief in diesen Bereich. Spüren Sie, wie der Brustkorb sich ausdehnt und füllt?

3 Schlüsselbeinatmen

Schicken Sie nun den Atem in die Lungenspitzen. Legen Sie die Fingerspitzen unterhalb des Schlüsselbeins ab, wo Sie eine kleine Einbuchtung fühlen. Heben Sie beim Einatmen die Schultern leicht an und senken Sie die Schultern beim Ausatmen. Spüren Sie, wie auch dieser Bereich mit dem Ein- und Ausatmen sich dehnt.
Jetzt haben Sie alle Bereiche Ihrer Lunge erreicht und angesprochen. Versuchen Sie nun vier bis acht Atemzüge lang, die Atemwelle durch den Körper gehen zu lassen und dabei den gesamten Lungenbereich zu nutzen. Atmen Sie langsam und gemächlich, fast wie in Zeitlupe.
Stellen Sie sich vor, wie Sie mit dem Bauch anfangen, gehen Sie zum Brustraum über und füllen Sie zum Schluss die Lungenspitzen mit Luft.
Atmen Sie genauso langsam aus und fühlen Sie, wie der Bauch einsinkt, dann der Brustkorb und wie sich schließlich das Schlüsselbein ein wenig senkt.
Nach diesen tiefen Atemzügen legen Sie die Arme lang über den Kopf am Boden ab und lassen den Atem ganz entspannt kommen und gehen. Spüren Sie, wie sich Ihre Lunge ausgedehnt hat und wie der Atem jetzt fließt? ‹

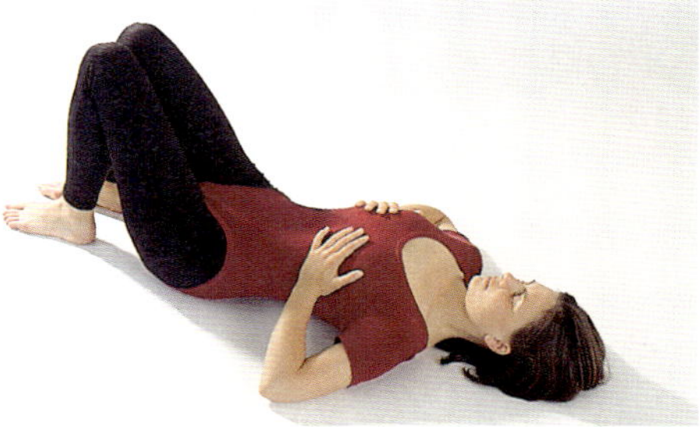

Vollatmung – Energie tanken

Dafür ist sie gut

Wenn die tiefe Atmung, auch Vollatmung genannt, ganz natürlich wie eine Welle durch den Körper geht, wird nicht nur die größtmögliche Menge Sauerstoff aufgenommen, sondern auch die größtmögliche Menge verbrauchter Luft ausgeatmet.
Die Vollatmung stärkt die Atemmuskulatur, entlastet das Herz und regt den Blutkreislauf an. Atemübungen sind ein sehr wirksames Mittel bei Kreislaufstörungen, Herz- und Gefäßerkrankungen, wie sie aufgrund von Dauerbelastung häufig auftreten.

Ü Atemfluss – Bewegungsfluss

Rhythmische Bewegungen vertiefen die Atmung und führen zu einem gleichmäßigen Atemrhythmus. Welche Vorstellung taucht bei Ihnen auf, wenn Sie an harmonische, fließende Bewegungen denken? Vielleicht die Vorstellung von einem Schlittschuhläufer, der über eine weite Eisfläche gleitet? Er scheint eins zu sein mit der Bewegung, die leicht und mühelos wirkt.
Vielleicht kennen Sie dieses wohltuende Gefühl, mit einer Bewegung völlig in Einklang zu sein, vom Joggen, Schwimmen oder Tanzen? Sobald Sie Ihren Rhythmus gefunden haben, stellt sich Bewegungsfluss ein.

Ausgangsposition für alle folgenden Übungen ist die entspannte Haltung im Stehen.

Wie ein Eisläufer

1 Eisläufer

› Heben Sie sachte den rechten Fuß und setzen ihn wieder auf, dabei verlagern Sie Ihr Gewicht nach rechts.
Nun den linken Fuß anheben, wieder absetzen und das Gewicht nach links verlagern. Schwingen Sie dabei Ihre Arme locker vor dem Körper hin und her, wie ein Eisschnelläufer. Bringen Sie Ihren ganzen Körper in eine harmonisch schwingende Bewegung, die Sie mit der Atmung verbinden können.
Rechts den Fuß setzen, einatmen, links den Fuß setzen, ausatmen.
Wie wäre es, wenn Sie Ihre Lieblingsmusik einschalten?

2 Hanteltraining – weich

Heben Sie die rechte Ferse an, beugen Sie gleichzeitig den linken Arm und schließen die Hand zur Faust.
Lassen Sie im Wechsel linke und rechte Ferse und linken und rechten Arm locker fallen, öffnen Sie die Hand dabei.
Machen Sie die »Über-Kreuz-Bewegung« so lange, bis sich ein gleichmäßiger Rhythmus einstellt. Durch den Fall der Fersen entsteht eine feine Schwingung im ganzen Körper. Versuchen Sie sich darauf zu konzentrieren und an nichts anderes zu denken.

3 Adler

Strecken Sie die Arme in Schulterhöhe nach vorne aus, die Handflächen berühren sich. Beim Einatmen breiten Sie Ihre »Flügel« aus, die Brust wird weit, die Fersen heben vom Boden ab, beim Ausatmen bringen Sie die Arme wieder nach vorne zusammen und senken die Fersen. Atmen Sie ruhig und gleichmäßig und achten Sie darauf, dass der »Flügelschlag« immer gleichzeitig mit der Atmung beginnt.

Wie ein Adler

Fühlen Sie sich stark und frei wie ein großer, majestätischer Adler.

4 Sonnenkreis

Bringen Sie Ihr Becken (ein wenig) in Schwung mit einem großen Hüftkreis aus dem orientalischen Tanz, der in arabischer Sprache »Sonnenkreis« heißt. Sie stehen mit leicht gebeugten Knien, die Arme halten Sie locker und gelöst auf Schulterhöhe, so, als ob Sie einen großen Wasserball umfangen wollen.

Sonnenkreis

Gehen Sie mit Ihrer Aufmerksamkeit in den Bauch- und Beckenbereich. Schieben Sie Ihr Becken nach rechts, führen Sie es hintenherum im Halbkreis nach links und wieder nach vorne zur Ausgangsposition. Der Oberkörper bewegt sich stets in Gegenrichtung. Bewegen Sie sich mit Gefühl, ganz aus dem Bauch heraus, so lange, bis Sie große weiche Kreise mit Ihren Hüften malen.

Kreisen Sie in beide Richtungen und setzen Sie auch Ihre Bauchmuskeln ein: Ausatmend ziehen Sie Ihre Bauchdecke nach innen, wenn Sie den Halbkreis hintenherum machen; einatmend lassen Sie die Bauchdecke locker, beim Halbkreis vorne. Lassen Sie die Arme sinken. Spüren Sie ruhig atmend die wohlige Bauchwärme.

5 Beckenschwung-Rad

Spüren Sie die Beweglichkeit Ihres Beckens: Stehen Sie weich und locker mit leicht gebeugten Knien, die Füße haben festen Kontakt zum Boden, die Wirbelsäule ist aufgerichtet.

Legen Sie die rechte Hand auf Ihren Bauch, die linke stützend auf die Lendenwirbelsäule.

Gehen Sie noch mehr in die Knie und kippen Sie dabei Ihr Becken sanft nach hinten – Sie sind jetzt in einer leichten Hohlkreuzhaltung – die Sie im Bewegungsfluss wieder auflösen, indem Sie Ihr Becken mit Hilfe der Bauchmuskeln schaufelartig hochziehen, um wieder in die Ausgangsposition zurückzukehren. Die Bewegung gleicht einem Rad, das rückwärts läuft.
Lassen Sie Ihren Atem durch Ihr Becken fließen, während es sich schaufelartig bewegt. Sie können sich dabei ein großes Wasserrad vorstellen, das Sie mit Ihren Bauch- und Beckenbewegungen in Schwung halten. ❮

Halten Sie Ihr Becken beweglich

Im Becken sind viele Menschen versteift und verspannt, weil Beckenbewegungen aufgrund ihrer sexuellen Bedeutung häufig tabuisiert sind. Der Bauch gilt als Sitz der Gefühle, als Energie- und Lebenszentrum. Emotionaler Stress kann zu einer verhärteten Bauchdecke und Gefühllosigkeit in diesem Bereich führen. Ein bewegliches Becken ist locker und gut durchblutet.
Das Körpergefühl für die zur Aufrichtung der Wirbelsäule richtige Beckenstellung ist entwickelt. Stressbedingte Verdauungsprobleme können durch regelmäßiges Beckentraining positiv beeinflusst werden. Beckenbewegungen stärken das Gefühl für die eigene Mitte und für den Körperschwerpunkt.

Ü Das Gleichgewicht der Kräfte herstellen

Haben Sie schon einmal bewusst darauf geachtet, ob Sie durch ein Nasenloch mehr ein- und ausatmen als durch das andere?

Wissenschaftler haben herausgefunden, dass es eine Verbindung zwischen den Nasenhälften und den Hemisphären des Gehirns gibt. Forscher, die sich mit den zirkadianen Rhythmen beschäftigen, stellten fest, dass bei der Nasenatmung nach etwa zwei Stunden ein Wechsel stattfindet. Einmal dominiert das rechte Nasenloch und einmal das linke, ebenso wie stets eine Gehirnhälfte dominiert.

Im Yoga macht man sich dieses Wissen zunutze. Über das wechselseitige Beatmen der Nasengänge wird die Zusammenarbeit der Hirnhemisphären angeregt. Nach den Erkenntnissen des Hatha-Yoga gibt es eine Wechselbeziehung zwischen den beiden Nasengängen und den Kräften von Sonne und Mond. Das rechte Nasenloch, das mit der linken Hemisphäre verbunden ist, steht in Verbindung mit der Sonne. Das linke Nasenloch, das mit der rechten Hemisphäre verbunden ist, steht in Beziehung zum Mond.

In der Yogalehre gilt der Atem als Träger von »Prana«, der kosmischen Urenergie. Wenn »Prana« durch die Nase eintritt, wird es in zwei gegensätzliche Elemente gespalten. Um ein Gleichgewicht der Kräfte zu erfahren und die Zusammenarbeit der beiden Hirnhemisphären zu beeinflussen, können Sie im Eigenversuch die verschiedenen Varianten der Wechselatmung durchführen. Die Wechselatmung mit ihren Variationen gilt im Yoga als besonders beruhigende, harmonisierende Atemübung, die auch bei Schlafstörungen eingesetzt werden kann.

1 Vor dem Beginn

› Halten Sie für sich fest, wie Sie sich fühlen. Wie ist Ihre Gedankentätigkeit (innere Mobilität)? Sind Sie konzentriert und aufmerksam oder springen Ihre Gedanken hin und her? Wie fühlen Sie sich: traurig, ärgerlich, ängstlich, erregt, ausgeglichen? Wie ist Ihr Körpergefühl und wie atmen Sie?

2 Nur einen Nasengang beatmen – auf einer Seite sitzen

Setzen Sie sich auf eine Wolldecke oder auf eine Übungsmatte auf den Boden, die Beine liegen angewinkelt auf der rechten Seite. Atmen Sie nur durch das rechte Nasenloch sanft und gleichmäßig ein und aus, das linke verschließen Sie mit Ihrem Zeigefinger. Spüren Sie, wie die Luft an den Nasengängen vorbei streicht?
Wechseln Sie danach Ihre Sitzposition und legen Sie die Beine links ab. Atmen Sie nun nur durch das linke Nasenloch ein und aus, wie vorher beschrieben.
Können Sie feststellen, durch welches Nasenloch der Atem verstärkt ein- und ausfließt?

3 Die linke und rechte Körperhälfte beatmen

Erweitern Sie die vorangegangene Übung durch eine geistige Vorstellung und überprüfen Sie danach die Wirkung. Wenn Sie nur durch das rechte Nasenloch ein- und ausatmen, stellen Sie sich vor, dass Sie die rechte Körperhälfte beatmen und beleben.
Schließen Sie die Augen, um sich besser konzentrieren zu können. Halten Sie nach dem Einatmen kurz den Atem an und stellen Sie sich in dieser Atempause vor, dass die entsprechende Körperhälfte energetisiert wird.
Lassen Sie den Atem ruhig wieder ausströmen. Wiederholen Sie dies fünfmal, bevor Sie die Nasenseiten und die Sitzposition wechseln. Fühlen sich die beiden Körperhälften unterschiedlich an?

4 Im Alltag experimentieren

Wenn Sie eine beruhigende Wirkung erfahren möchten, atmen Sie eine Weile nur durch das linke Nasenloch ein und aus.

Möchten Sie sich aktivieren, so atmen Sie entsprechend eine Zeit lang nur durch das rechte Nasenloch ein und aus.

Wie bei allen Körper-, Atem- und Entspannungsübungen gilt auch hier das Prinzip der Achtsamkeit. Auch wenn Sie zwischendurch üben, versuchen Sie Ihre ganze Aufmerksamkeit auf den Atemvorgang zu lenken und gefühlsmäßig dabei zu sein. Die Wirkung verstärkt sich, wenn Sie sich Zeit nehmen, um hinterher noch nachzuspüren.

5 Wechselatmung

Nehmen Sie den Fersensitz oder eine aufrechte Sitzhaltung auf dem Stuhl ein.
Verschließen Sie das rechte Nasenloch mit dem Zeigefinger. Atmen Sie langsam durch das linke Nasenloch aus. Lassen Sie den Atem wieder einströmen.
Jetzt wechseln Sie. Atmen Sie langsam durch das rechte Nasenloch aus und verschließen Sie das linke. Lassen Sie den Atem wieder einströmen.
Wiederholen Sie dies achtmal. Versuchen Sie, den Atem möglichst lang zu strecken und in einem gleichmäßigen Rhythmus zu atmen. Spüren Sie dann der Wirkung der Übung nach, lassen Sie den Atem geschehen.

6 Wechselatmung mit Zählen und Hand-Mudra

Setzten Sie sich zur Abwechslung in den Schneidersitz. Wichtig ist, dass Kopf, Hals und Rücken eine Gerade bilden. Die aufrechte Sitzhaltung dient der Konzentrationsfindung und fördert den freien Atemfluss. Legen Sie die linke Hand an den linken Oberschenkel.

Den Daumen der rechten Hand legen Sie an das rechte Nasenloch, Ringfinger und kleinen Finger an das linke Nasenloch. Zeige- und Mittelfinger berühren die Stirn.

Atmen Sie tief und langsam und so ruhig wie möglich durch beide Nasenlöcher aus. Sobald die Ausatmung beendet ist, verschließen Sie Ihr rechtes Nasenloch mit dem Daumen.

Atmen Sie ruhig und langsam durch das linke Nasenloch ein. Diese Einatmung wird von einem rhythmischen Zählen bis acht begleitet. Verschließen Sie beide Nasenlöcher und zählen Sie, solange die Luft angehalten wird, bis vier. Öffnen Sie das rechte Nasenloch und atmen Sie langsam und tief aus, während Sie bis acht zählen. Wenn die Luft vollständig ausgeatmet ist, beginnen Sie, ohne eine Pause zu machen, mit der nächsten Einatmung und zählen wieder bis acht.
Verschließem Sie wieder beide Nasenlöcher und zählen Sie bis vier. Das linke Nasenloch öffnen. Während Sie tief und ruhig ausatmen, zählen Sie wieder rhythmisch bis acht.
Dies ist eine vollständige Runde der Wechselatmung, die Sie etwa fünfmal wiederholen sollten. ❮

Pranayama – die Atemübungen des Yoga

»Pranayama« ist das Bindeglied zwischen geistigen und körperlichen Disziplinen. Obgleich physisch, liegt seine Wirkung darin, den Geist zu beruhigen, zu klären und auszugleichen.

Durch die Nase atmen

Achten Sie im Alltag darauf, dass Sie möglichst immer durch die Nase ein- und ausatmen. Der Raum der Nasenhöhle ist mit Schleimhaut überzogen, die von Drüsen ständig feucht gehalten wird. So wird die eingeatmete Luft erwärmt und von Staub und anderen Fremdkörpern gereinigt, bevor sie die Lunge erreicht.

Rhythmen

Die ständige Wiederholung in einem gleichmäßigen Rhythmus wirkt auf das vegetative Nervensystem angleichend und beruhigend. Das Atemvolumen vergrößert sich, bei gleichmäßiger Belastung des Herz-Kreislaufsystems, so dass über die vermehrte Sauerstoffaufnahme ein Energiezufluss stattfindet. Statt stressbedingter Kurzatmigkeit können Sie einen »langen Atem« entwickeln.

Ü Mit Tonschwingungen die Atmung vertiefen

Singen Sie gern? Dann haben Sie vielleicht Lust, die folgenden Summ-Übungen auszuprobieren.

1 »SO-HAM-Atmung«

› Sie stehen mit gebeugten Knien in entspannter, aufrechter Körperhaltung, bereit, sich von allen inneren und äußeren Spannungen zu befreien. Schließen Sie die Augen und lockern Sie Ihre Gesichtsmuskeln.
Denken Sie an etwas, das Sie erheitert. Versetzen Sie Ihren ganzen Körper in eine rhythmische, vibrierende Bewegung. Beginnen Sie, indem Sie beide Knie gleichzeitig, immer schneller werdend, vor- und zurück bewegen; die Füße haben dabei festen Kontakt zum Boden. Haben Sie ein wenig Geduld, bis im Körper eine vibrierende, schüttelnde Bewegung wie von selbst entsteht. Atmen Sie durch die Nase ein und summen Sie beim Ausatmen so lange wie möglich »Sooooo…«. Bei der nächsten Ausatmung summen Sie den Laut »Hammmmm…«. Lassen Sie es geschehen, dass Ihr Körper rhythmisch in Klang und Bewegung vibriert.
Machen Sie diese Übung, die den ganzen Atembereich lockert, ruhig ein bißchen länger, mindestens aber fünf Minuten lang. Bleiben Sie danach regungslos stehen und genießen Sie die Ruhe. Versuchen Sie, an nichts anderes zu denken.

2 »AUM-Atmung« mit Sonnenkreis

Der Laut »OM« oder »AUM« ist im Yoga Symbol für die Verbindung mit der universellen Kraft. Es ist der kosmische Urton, der wohltuend auf Körper und Seele wirkt. »OM« ist hörbar im Summen der Bienen, im Rauschen des Meeres und im Rollen des Donners. Bringen Sie Ihren ganzen Körper in Schwingung und befreien Sie Ihre Atmung mit »AUM«.
Sie stehen in aufrechter, entspannter Körperhaltung, die Arme sind seitlich auf Schulterhöhe ausgebreitet, die Handinnenflächen zeigen nach oben. Atmen Sie langsam und bedächtig durch die Nase ein.
Atmen Sie aus und summen Sie »Aaaaa…«. Senken Sie dabei Arme und Oberkörper, bis die Fingerspitzen den Boden berühren, die Knie sind gebeugt.
Während Sie »uuuuu« summen, kommen Sie langsam wieder nach oben, die Arme heben Sie in einer fließenden Bewegung vor dem Körper hoch, bis sie über dem Kopf lang ausgestreckt sind.
Summen Sie »emmm« und senken Sie weich die Arme, bis diese wieder auf Schulterhöhe sind.
Bei diesem Bewegungsablauf beschreiben die Arme einen »Sonnenkreis«, der die universelle Energie symbolisiert. ‹

Mit Summen den Atem befreien

In Schwingung versetzen

Töne in verschiedenen Tonhöhen haben Frequenzen, die unterschiedliche Körperzonen in Schwingung versetzen.
Mantras zu hören oder zu singen, ist wie das Summen der Bienen oder den Gesang des Windes zu erleben. Der Körper antwortet mit Vibrationen, die Spannungen auflösen und angenehme Gefühle wachrufen.
SO-HAM und AUM sind Mantras aus der indischen Sanskrit-Sprache. Eine Definition von Mantra lautet: *Das, was den Geist beruhigt.*

Ü Gelenkte Atmung

› Sie liegen ganz entspannt auf dem Rücken. Fühlen Sie, wie Ihr Körper ganz von alleine ein- und ausatmet? Beim Einatmen dehnt er sich aus, beim Ausatmen zieht er sich zusammen. Der ganze Körper atmet. Schicken Sie Ihr Atembewusstsein in die Füße.

Konzentrieren Sie sich auf Ihre Fußspitzen. Führen Sie Ihre Atmung dorthin und atmen Sie achtmal ein und aus und spüren Sie dabei die Atemluft durch die Fußspitzen ein- und ausströmen.

Konzentrieren Sie sich auf Ihre Fußknöchel. Führen Sie Ihre Atmung dorthin und atmen Sie achtmal ein und aus und spüren Sie dabei die Atemluft durch die Fußknöchel ein- und ausströmen.

Konzentrieren Sie sich auf Ihre Knie. Führen Sie Ihre Atmung dorthin und atmen Sie achtmal ein und aus und spüren Sie dabei die Atemluft durch die Knie ein- und ausströmen.

Konzentrieren Sie sich auf Ihre Oberschenkel. Führen Sie Ihre Atmung dorthin und atmen Sie achtmal ein und aus und spüren Sie dabei die Atemluft durch die Oberschenkel ein- und ausströmen.

Konzentrieren Sie sich auf Ihr Rektum. Führen Sie Ihre Atmung dorthin und atmen Sie achtmal ein und aus und spüren Sie dabei die Atemluft durch das Rektum ein- und ausströmen.

Konzentrieren Sie sich auf Ihre Geschlechtsteile. Führen Sie Ihre Atmung dorthin und atmen Sie achtmal ein und aus und spüren Sie dabei die Atemluft durch die Geschlechtsteile ein- und ausströmen.

Konzentrieren Sie sich auf Ihren Nabel. Führen Sie Ihre Atmung dorthin und atmen Sie achtmal ein und aus und spüren Sie dabei die Atemluft durch den Nabel ein- und ausströmen.

Konzentrieren Sie sich auf Ihren Magen. Führen Sie Ihre Atmung dorthin und atmen Sie achtmal ein und aus und spüren Sie dabei die Atemluft durch den Magen ein- und ausströmen.

Konzentrieren Sie sich auf Ihr Herz. Führen Sie Ihre Atmung dorthin und atmen Sie achtmal ein und aus und spüren Sie dabei die Atemluft durch das Herz ein- und ausströmen.

Konzentrieren Sie sich auf Ihre Kehle. Führen Sie Ihre Atmung dorthin und atmen Sie achtmal ein und aus und spüren Sie dabei die Atemluft durch die Kehle ein- und ausströmen.

Konzentrieren Sie sich auf Ihre Lippen. Führen Sie Ihre Atmung dorthin und atmen Sie achtmal ein und aus und spüren Sie dabei die Atemluft durch die Lippen ein- und ausströmen.

Konzentrieren Sie sich auf Ihre Nasenspitze. Führen Sie Ihre Atmung dorthin und atmen Sie achtmal ein und aus und spüren Sie dabei die Atemluft durch die Nasenspitze ein- und ausströmen.

Konzentrieren Sie sich auf Ihre Augen. Führen Sie Ihre Atmung dorthin und atmen Sie achtmal ein und aus und spüren Sie dabei die Atemluft durch die Augen ein- und ausströmen.

Konzentrieren Sie sich auf den Mittelpunkt zwischen Ihren Augenbrauen. Führen Sie Ihre Atmung dorthin und atmen Sie achtmal ein und aus und spüren Sie dabei die Atemluft durch den Mittelpunkt zwischen den Augenbrauen ein- und ausströmen.

Konzentrieren Sie sich auf Ihre Stirn. Führen Sie Ihre Atmung dorthin und atmen Sie achtmal ein und aus und spüren Sie dabei die Atemluft durch die Stirn ein- und ausströmen.

Nach den Übungen vier Minuten gedankenlos entspannen. ‹

Atem und Geist

Wenn der Atem wandert, dann ist der Geist unruhig. Aber wenn der Atem still ist, ist es auch der Geist.

Yogaweisheit

Stresssituationen: Der Atem als Verbündeter

Egal, in welcher Situation Sie sich befinden, der Atem ist Ihr Begleiter und kann gerade in Stresssituationen als unauffälliges, stets verfügbares Mittel eingesetzt werden.

Zahnarztbesuch

Sie wissen, dass Ihnen eine langwierige Sitzung beim Zahnarzt bevorsteht und Sie haben Angst davor. Im Wartezimmer sitzend bekommen Sie feuchte Hände und Herzklopfen, Ihr Atem stockt. Atmen Sie ein paarmal betont lange auf »Haaa...« aus.
Atmen Sie danach möglichst langsam ein und aus und konzentrieren Sie sich auf die »Atemwelle« im Körper (*Seite 68*).
Wenn Sie auf dem Behandlungsstuhl sitzen, legen Sie die Hände auf Ihren Bauch und wenden die tiefe Bauchatmung an (*Seite 62*).
Denken Sie im Atemrhythmus »Ruhig – warm«.

Im Straßenverkehr

Wenn Sie merken, wie Ihr Blutdruck hochgeht, weil Sie sich über die Rücksichtslosigkeit anderer Verkehrsteilnehmer ärgern, richten Sie Ihre Aufmerksamkeit weg von den »Stressoren« immer mal wieder auf Ihren Atem.
Atmen Sie, wenn die Ampel rot zeigt, tief in den Bauch ein und aus (*Seite 62*).

Auseinandersetzung mit einem Vorgesetzten

Sie sind verwickelt in eine Auseinandersetzung mit Ihrer Vorgesetzten. Diese spricht schnell und hektisch auf Sie ein, sie kommt kaum dazu, »Luft zu holen«. Lassen Sie sich von ihrem gestressten Verhalten nicht anstecken, indem Sie unwillkürlich ihr »Muster« übernehmen.
Atmen Sie möglichst ruhig und langsam ein und aus. Zählen Sie beim Einatmen bis acht und beim Ausatmen ebenfalls (*Seite 67*).
Der Atem als Anker kann eine Hilfe sein, nicht aus dem Affekt heraus zu handeln, sondern die Position des »inneren Beobachters« einzunehmen. Aus der beobachteten Distanz heraus ist es viel eher möglich, aufnahmebereit und verständnisvoll zu reagieren. Entspannt sich die Atmosphäre, kommt es weniger zu einem Schlagabtausch mit Gewinnern und Verlierern, sondern eher zu einem Kompromiss.

Streit mit der Tochter

Ihre heranwachsende Tochter hat Sie mal wieder in sinnlose Streitereien verwickelt. Ihre gute Laune ist dahin. Sie können sich nicht mehr auf Ihre Arbeit konzentrieren. Setzen Sie in solchen und ähnlichen Situationen die wechselseitige Nasenatmung (*Seite 67*) ein, um sich wieder ins Gleichgewicht zu bringen. »Summ-Atmung« (*Seite 70*) beruhigt Mutter und Kind. Probieren Sie es aus!

Der Atem als Verbündeter

- Wenn Sie nicht mehr wissen, wo Ihnen der Kopf steht, weil Hektik und Lärm Sie den ganzen Tag begleiten: Mit Hilfe der Atmung können Sie Ruhe bewahren.
- Wenn Sie ängstlich und nervös sind, weil ein klärendes Gespräch mit Ihrem Vorgesetzten ansteht – atmen Sie erst mal tief durch.
- Ärgern Sie sich öfter und neigen Sie dazu, impulsiv und unbedacht zu reagieren? Bewusstes Atmen kann dazu beitragen, die Kontrolle zu behalten.
- Haben Sie manchmal das Gefühl, dass mit Ihrem Lebensrhythmus etwas nicht stimmt? Finden Sie Ihren natürlichen Atemrhythmus wieder.
- Fühlen Sie sich oft erschöpft, müde und ausgelaugt? Mit Hilfe von Atemtechniken können Sie neue Energie gewinnen.
- Selbst an Tagen, wo sich scheinbar alles gegen Sie verschworen hat, ein Missgeschick das andere jagt und Sie am liebsten flüchten möchten: Ihr Atem ist immer für Sie da, wenn Sie sich auf ihn besinnen. Machen Sie Ihren Atem zu Ihrem Freund und Verbündeten im Umgang mit Stress.

Ein Bild sagt mehr als 100 Worte:

Vorstellungs-kraft *entwickeln*

Ruheorte können in der Wirklichkeit oder in der Vorstellungskraft geschaffen werden.

Ü Kleine Experimente

Können Gedanken oder Vorstellungen den Körper beeinflussen? Machen Sie doch einmal die folgenden Experimente.

1 Zauberpendel

❯ Sie brauchen dazu einen ganz normalen Fingerring (auch ein Gardinenring ist geeignet) und einen 30-50 cm langen Zwirnsfaden. Daraus machen Sie bitte ein Pendel, indem Sie den Faden durch den Ring ziehen, so dass der Faden doppelt ist.

Setzen Sie sich am besten an einen Tisch und stützen Sie den rechten Ellenbogen – wenn Sie Rechtshänder sind, andernfalls den linken – auf die Tischplatte. Nehmen Sie das Pendel so in die Hand, dass es sich kurz über der Tischplatte frei hin und her bewegen kann.
Halten Sie die Hand ganz ruhig und richten Sie Ihre Aufmerksamkeit auf den Ring. Stellen Sie sich nun bildlich vor, wie das Pendel sich wie eine Schaukel hin und her bewegt, hin und her. Konzentrieren Sie sich bitte ganz auf diese Bewegungsfigur und wiederholen Sie innerlich: *Das Pendel schwingt hin und her.*

Beobachten Sie, was geschieht. Nach einer Weile können Sie das Pendel wieder zum Stillstand bringen.

Stellen Sie sich jetzt vor, dass das Pendel kreist. Stellen Sie sich wieder bildhaft vor, wie das Pendel eine Kreisfigur beschreibt und wiederholen Sie innerlich: *Das Pendel kreist.* Bleiben Sie mit Ihrer Aufmerksamkeit bei dem Pendel und dem inneren Bild des Kreises und schauen Sie, was passiert.

Hat das Experiment bei Ihnen geklappt? Die meisten Menschen reagieren verblüfft, wenn sich das Pendel tatsächlich so verhält wie gewünscht. Es gibt eine einfache Erklärung dafür: Unbewusst überträgt sich der Gedanke, die Vorstellung auf die Hand. Die Bewegungsvorstellung wird nachvollzogen und unwillkürlich in kleine Handbewegungen umgesetzt.

2 Zitronensaft

Schließen Sie bitte die Augen und atmen Sie ein paar Mal durch die Nase ein und aus. Stellen Sie sich vor, Sie sind in Ihrer Küche und auf einer Ablage liegt eine dicke Zitrone. Sie nehmen in Ihrer Vorstellung ein Küchenmesser in die Hand und zerteilen die Zitrone. Nehmen Sie in Ihrer Vorstellung eine der beiden Hälften in die Hand. Saft tropft herunter.
Führen Sie die Zitrone zum Mund. Sie fangen den Saft mit Ihrer Zunge auf. Sie lecken an der Zitrone und schmecken das Fruchtfleisch. Was passiert in Ihrem Mund? ❮

Wirkt bei den meisten schon in der Vorstellung

Die Kraft der Gedanken

Mein Körper ist derjenige Teil der Welt, den meine Gedanken verändern können, sogar eingebildete Krankheiten können wirkliche werden. Chr. Lichtenberg

Der Glaube kann Berge versetzen.

Jede feste (konzentrative) Vorstellung hat die Tendenz, sich zu verwirklichen.
J.H. Schultz

Dem Denken folgt Energie.
Yogaweisheit

Die Vorstellungskraft einsetzen

Wirksame Imagination

Der erste Schritt, Stress abzubauen, ist die Erkenntnis der eigenen Beteiligung daran. Wenn Sie herausfinden, dass es auch Ihre eigenen Gedanken und Vorstellungen sind, die Sie unter Anspannung versetzen, fühlen Sie sich weniger ausgeliefert, weil Sie aktiv etwas verändern können.
Die Erfahrung, dass der Körper auf Gedanken und Vorstellungen reagiert, ist allen Menschen mehr oder weniger vertraut. Wer kennt das Gefühl nicht, »sich selber verrückt zu machen«, wenn er sich in etwas hineinsteigert und sich ein bevorstehendes Ereignis in den schrecklichsten Farben ausmalt.

Alle Vorstellungen und insbesondere Imaginationen – das sind bildhafte Vorstellungen – wirken über das vegetative Nervensystem auf Stimmungen und Gefühle ein und beeinflussen die Körperreaktionen. Vielen Menschen ist nicht bewusst, dass es möglich ist, allein über die Vorstellungskraft körperliche Entspannung und positiv getönte Gefühle hervorzurufen. Diese Erfahrung, wenn sie häufiger bewusst erlebt wird, stärkt das Vertrauen in die eigenen inneren Kräfte und eröffnet neue Lösungswege für stressbedingte Probleme.

Autogenes Training

Im Autogenen Training wird über die Vorstellung von Schwere und Wärme der Entspannungsprozess eingeleitet. Es kommt bei regelmäßigem Üben zu einem Umschaltvorgang im vegetativen Nervensystem von Aktivität auf Ruhe und Erholung.

Allein die Tatsache, einen stillen Ort aufzusuchen und sich ruhig hinzusetzen, zeigt häufig schon einen positiven Effekt. Das Schließen der Augen ist das Signal, die Aufmerksamkeit von den Außenreizen zurückzuziehen und sich einzustellen auf Ruhe und Entspannung. Es geht nun darum, die Konzentrationsfähigkeit so weit zu schulen, dass es mit einiger Übung möglich ist, bei einer Vorstellung so lange zu verweilen, bis die gewünschte körperliche Reaktion eintritt. Die Konzentration auf die Vorstellung von Schwere ruft Muskelentspannung hervor und leitet den Entspannungsprozess ein.

Unterstützend wird innerlich eine »Formel« wiederholt, ein Satz, der inhaltlich die gewünschte Reaktion vorwegnimmt. Durch den einfachen Gebrauch von positiven sprachlichen Formulierungen in Verbindung mit beruhigenden mentalen Bildern lässt sich das Wohlbefinden steigern.

Das Autogene Training wurde von dem Berliner Neurologen Prof. J. H. Schultz (1884–1970) in den zwanziger Jahren entwickelt. Es ist eine Methode, die an die suggestiven Fähigkeiten des Menschen anknüpft, um über Selbstbeeinflussung einen tiefen Entspannungszustand herbeizuführen. Schultz ging von der Tatsache aus, dass sich ein entspannter Körper schwer und warm anfühlt. Die Schwere wird ausgelöst durch die Herabsetzung des Muskeltonus, die Wärme durch eine vermehrte Durchblutung der Haut. Dabei wird mit dem Umweg über die Vorstellung das vegetative Nervensystem beeinflusst, das normalerweise dem Willen nicht zugänglich ist. Das Autogene Training ist ein Übungsverfahren, eine Methode der »konzentrativen Selbstentspannung«. Durch zunehmende Konzentrationsfähigkeit und Vorstellungskraft wird autogen, d.h. selbst gesteuert, ein Zustand der Versenkung, der körperlich-seelischen Entspannung herbeigeführt.

Der Glaube daran wirkt mit

- Eine wichtige Voraussetzung für das Erlernen von Autogenem Training ist der Glaube an die Wirksamkeit und eine positive Einstellung dazu.
- Heilmittel jeder Art wirken besser, wenn man von ihrer Wirkung überzeugt ist. Manchmal auch ohne Wirkstoff. Dieser »Placeboeffekt« lässt sich nutzen.

Ü »Mein rechter Arm ist angenehm schwer«

Sie sitzen an einem ruhigen Ort in einer für Sie angenehmen Sitzhaltung, vielleicht in einem Stuhl mit Kopflehne. Schließen Sie die Augen und sprechen Sie innerlich folgenden Text – den Sie nach Belieben etwas umwandeln können – in einer Art Selbstgespräch. Behalten Sie die einzelnen Schritte bei.

1 Ruhetönung

› *Ich stelle mich jetzt darauf ein, ruhig zu werden, ruhig und entspannt. Die nächsten Minuten gehören mir und meiner Erholung. Mit jedem Ausatmen lasse ich los, was mich gerade beschäftigt.*

2 Konzentration auf »Schwere«

Ich gehe mit meiner Aufmerksamkeit in meine rechte Hand und in meinen rechten Arm. Ich spüre, wo die Hand aufliegt und fülle den Arm mit meiner Aufmerksamkeit aus. Sobald ich den Arm spüre, beginnt er, sich zu entspannen.

Mein rechter Arm ist angenehm schwer.
Mein rechter Arm ist angenehm schwer.
Mein rechter Arm ist angenehm schwer.

Ich bin ganz ruhig und entspannt.
Ich bin ganz ruhig und entspannt.
Ich bin ganz ruhig und entspannt.

Ich genieße eine Weile das angenehme Gefühl von Ruhe und Entspannung.

3 Rücknahme

Wenn Sie die Übung beenden wollen, machen Sie die so genannte Rücknahme, damit der Körper das Signal bekommt, wieder aktiv zu werden und die Wahrnehmung von innen nach außen gerichtet wird.
Die Fäuste schließen und die Arme ein paar Mal kräftig beugen. Lang und tief ein- und ausatmen. Die Augen öffnen. Wenn Ihnen danach ist, recken und strecken Sie sich, dehnen Sie sich und gähnen Sie. Schließen Sie die Fäuste und beugen Sie die Arme ein paar Mal kräftig. ‹

Loslassen

Selbstinstruktion / Selbstgespräch
Wenn die Konzentrationsfähigkeit noch nicht entwickelt ist, kann eine Art inneres Selbstgespräch helfen, bei der Sache zu bleiben. An die Stelle von Sprache tritt nach einiger Zeit der Übung die reine Vorstellung.

Generalisation
Nach einiger Zeit überträgt sich die Schwere-Empfindung auf beide Arme und beide Beine, d.h., sie generalisiert sich.

Nicht wollen, sondern lassen
Versuchen Sie, nichts zu erzwingen, lassen Sie die Entspannung geschehen. Sie können den Entspannungsprozess unterstützen, indem Sie sich vorstellen:

- dass der Arm nach unten sinkt,
- dass Sie eine schwere Tasche getragen haben, deren Gewicht Sie noch spüren,
- dass Sie einen großen, runden Stein in Ihrer Hand halten, der den Arm nach unten zieht.

Ü »Mein rechter Arm ist angenehm warm«

1 Ruhetönung

❯ *Ich stelle mich jetzt darauf ein, ruhig zu werden, ruhig und entspannt. Die nächsten Minuten gehören mir und meiner Erholung. Mit jedem Ausatmen lasse ich los, was mich gerade beschäftigt.*

2 Konzentration

Konzentrieren Sie sich zunächst auf Schwere: *Ich gehe mit meiner Aufmerksamkeit in meine rechte Hand und in meinen rechten Arm. Ich spüre, wo die Hand aufliegt und fülle den Arm mit meiner Aufmerksamkeit aus. Sobald ich den Arm spüre, beginnt er, sich zu entspannen. Mein rechter Arm ist angenehm schwer. Ich bin ganz ruhig und entspannt.*

Jetzt konzentrieren Sie sich auf Wärme:

Ich gehe mit meiner Aufmerksamkeit noch einmal in meine rechte Hand und in meinen rechten Arm. Ich stelle mir vor, dass die Sonne warm auf meine Hand und auf meinen Arm scheint. Ich spüre sonnige Wärme auf der Hand und auf dem Arm.

Mein rechter Arm ist angenehm warm.
Mein rechter Arm ist angenehm warm.
Mein rechter Arm ist angenehm warm.

Ich bin ganz ruhig und entspannt.
Ich bin ganz ruhig und entspannt.
Ich bin ganz ruhig und entspannt.

Ich lasse es geschehen, dass sich wohltuende Wärme und Entspannung ausbreiten. Ganz von alleine entspanne ich mich mehr. Ruhe und Wärme durchströmen mich. Ich genieße eine Weile das angenehme Gefühl von Ruhe und Wärme.

Sie können die konzentrative Einstellung auf Wärme unterstützen, indem Sie sich vorstellen: dass die Sonne auf den Arm scheint, dass Sie den Arm in warmes Wasser getaucht haben, dass der Arm mit warmem Sand bedeckt ist.

3 Rücknahme

Stellen Sie sich jetzt darauf ein, die Übung zu beenden. Schließen Sie die Fäuste. Beugen Sie die Arme ein paar Mal kräftig. Atmen Sie lang und tief ein und wieder aus. Öffnen Sie jetzt die Augen. Recken, strecken, dehnen Sie sich und gähnen Sie nach Herzenslust. ❮

Die Wirkung

Bei der Konzentration auf Wärme im rechten Arm breitet sich die Wärme meist im ganzen Körper aus. Durch die Konzentration auf Wärme erfolgt eine Weitstellung der Blutgefäße vor allem in Händen, Armen, Beinen und Füßen. Die Hauttemperatur steigt dabei messbar um durchschnittlich zwei bis drei Grad Celsius an. Nach einiger Zeit der Übung kann die Wärmeregulation gezielt beeinflusst werden. Stressbedingte Durchblutungsstörungen aufgrund von verkrampften und dadurch verengten Gefäßen können durch die »Wärme-Übung« gelindert bzw. behoben werden. Mit der »Wärme-Übung« sind Gefühle von Lebendigkeit und Wohlbehagen verbunden, die stressbedingten Beklemmungsgefühlen entgegengesetzt sind.

Mal ausprobieren

- Mit den beiden ersten Grundübungen aus dem Autogenen Training können Sie einmal ausprobieren, ob und wie Ihr Körper auf die Vorstellung von Schwere und Wärme reagiert. Möglicherweise stellen Sie nach der Übung fest, wie schwer es Ihnen gefallen ist, sich ohne störende Gedanken so lange zu konzentrieren, bis der erwünschte Entspannungseffekt eintritt. Vielleicht waren Sie aber auch ganz überrascht, dass der Arm tatsächlich schwer und warm wurde.

Formeln

- Sprechen Sie die »Ruhe- und Schwere-Formel« innerlich, mindestens drei- bis sechsmal, ruhig und monoton, in Ihrem Rhythmus. Durch häufiges Wiederholen werden die Formeln ins Körpergedächtnis »einprogrammiert« und die gewünschte Reaktion tritt automatisch ein.

Innere Bilder – innere Rückzugsinseln

Können Sie sich einen Zitronenbaum in einer südlichen Umgebung vorstellen? Er wächst auf einer Insel im Mittelmeer in einem kleinen Garten. Dort sitzen Sie auf einer blauen Bank, umrahmt von Blumenkübeln und schauen aufs Meer. Schließen Sie die Augen. Können Sie sich alles so richtig ausmalen?

Wenn Sie schon einmal in Griechenland waren, weckt diese bildhafte Erinnerung möglicherweise sehnsüchtige Gefühle in Ihnen. Vielleicht schmecken Sie sogar den harzigen Retsina-Wein, hören griechische Musik und fühlen die südliche Sonne auf Ihrer Haut. Eine Erinnerung reiht sich an die andere – sie beginnen zu träumen, am hellichten Tag.

Urlaubserinnerungen sind Tagträume

Viele Menschen wecken solche fantasievollen Erinnerungen, um aus einem arbeitsreichen, stressigen Alltag für kurze Zeit auszusteigen. Danach fällt es ihnen leichter, wieder ihren Verpflichtungen nachzukommen. Solche Tagträume haben eine wichtige Bedeutung. Sie sind wie innere »Rückzugsinseln« in einer verplanten Umwelt.

Sie können die Fähigkeit des Tagträumens, des Fantasierens, nutzen und entwickeln, um mit Stress besser zurechtzukommen. Nehmen Sie sich ganz bewusst Zeit für Tagträume und entdecken Sie dabei Ihre innere Bilderwelt.

Schaffen Sie sich die Bilder, die Sie wirklich mögen, die Sie entspannen. Bildhaftes Denken befähigt zu kreativen Problemlösungen und bietet die Möglichkeit der positiven Selbstbeeinflussung.

Sie können Ihre bildhafte Vorstellungskraft entwickeln, indem Sie sich z. B. Bilder und Fantasien von entspannten, ruhigen Situationen in die Erinnerung zurückrufen. Jeder Mensch hat solche positiven Bilder, die er sich bewusst machen kann, um sich dabei zu entspannen. Positive, entspannende Bilder helfen, Stress zu verringern und können sogar eingesetzt werden, um den Heilungsprozess bei Krankheiten zu unterstützen.

Im Zustand körperlich-seelischer Entspannung ist die Fähigkeit, in Bildern zu denken, besonders ausgeprägt. Dann tauchen sie als verschlüsselte Botschaften, ähnlich wie Träume, während des Schlafes auf und können wertvolle Hinweise auf vorhandene Bedürfnisse geben.

Wenn Sie sich ein wenig besinnen, werden Ihnen aus dem Schatz Ihrer Erinnerung eigene »Ruhebilder« einfallen: Erinnerungsbilder von Wanderungen und Spaziergängen, aus Ländern, die Sie bereist haben und der Umgebung, in der Sie leben. Vielleicht haben Sie für sich auch einen Ort entdeckt, den Sie immer wieder aufsuchen, an den Sie besonders gerne zurückdenken, weil Sie sich da so wohl gefühlt haben: die Bank in Ihrem Garten, wenn alles in Blüte steht, das Plätzchen auf Ihrem Balkon in der Morgensonne, das Ufer eines Flusses, von dem aus Sie auf das Wasser schauen, Ihr Lieblingsplatz auf dem Felsen in einer einsamen Bucht, das kleine Café an der Straßenecke unter alten Bäumen …

Im entspannten Zustand gelingt es besonders gut, Erinnerungsbilder wachzurufen und auch jene positiven Gefühle noch einmal zu erleben, die mit dem Aufenthalt an diesen besonderen Orten verbunden sind.

Ü Sich ein Ruhebild schaffen

› Das Gesicht eines Menschen, der in sich ruht, wogende Kornfelder, die Buche im Park, eine einzelne Blüte, eine brennende Kerze – können Sie sich all das vorstellen, wenn Sie Ihre Augen schließen – und wie lange gelingt es Ihnen, ohne Ablenkung bei einem Bild zu verweilen?

Sinnbild für äußere und innere Ruhe ist zum Beispiel ein See, dessen Wasseroberfläche unbewegt ist.
Vor dem inneren Auge erscheint ein See. Ruhig liegt er da in der Morgensonne. Die Sonnenstrahlen spiegeln sich auf der Wasseroberfläche. Seerosen haben ihre Blüten geöffnet. Auf den Blättern schimmern Tautropfen. Fast geräuschlos ziehen ein paar Enten ihre Bahn. Es ist ganz still, nur ein leises Vogelgezwitscher ist zu hören.

Schließen Sie für eine Weile die Augen, nachdem Sie sich in einer für Sie bequemen Sitzhaltung niedergelassen haben. Lassen Sie mit jedem Ausatmen los, was Sie gerade beschäftigt. Versuchen Sie nun, sich den »See in der Morgensonne« vorzustellen. Lassen Sie das Ruhebild auf sich wirken. Wenn Gedanken auftauchen und andere Bilder sich dazwischen schieben, kehren Sie in Ihrer Vorstellung immer wieder zu dem »See« zurück. Wiederholen Sie innerlich: *Ich bin ganz ruhig.* Versetzen Sie sich gefühlsmäßig in die ruhige Morgenstimmung. Wenn Sie die Übung beenden wollen, atmen Sie ein paar Mal lang und tief ein und aus … Konnten Sie sich den See vorstellen? Haben Sie die Seerosen »gesehen« und die Sonnenstrahlen auf dem Wasser? Die Fähigkeit zur bildhaften Vorstellung (Visualisation) ist je nach Veranlagung und Berufstätigkeit unterschiedlich entwickelt und ausgeprägt. In künstlerischen Berufen ist bildhaftes fantasievolles Denken unerlässlich, wer viel am Computer arbeitet oder hauptsächlich mit Zahlen umgeht, entwickelt mehr linear-logisches Denken. Jedoch kann bildhaftes Denken geweckt und geübt werden. Wenn es Ihnen schwer gefallen ist, sich den »See in der Morgensonne« vorzustellen, schauen Sie sich einmal genau das Bild auf dieser Seite an. Schließen Sie danach die Augen und stellen Sie sich dieses Foto vor. Auch auf diese Art und Weise können Sie Ihre Imaginationsfähigkeit verbessern. ‹

See in der Morgensonne

Der Reichtum an Kreativität

Der Umgang mit Fantasiebildern ist wie das Essen einer Artischocke. Wenn wir die äußeren, harten Blätter abschälen, finden wir die weicheren, feineren Blätter und das schmackhafte Fruchtherz im Inneren. Mit Fantasiebildern ist es genauso. Die dicken, äußeren Blätter sind die Anspannungen, die in unserer täglichen Umgebung existieren. Indem wir die Ablenkungen durch unser hektisches Leben ausschließen, finden wir den Reichtum an Kreativität und Weisheit in unserem Innern.
Murdock

Übung macht die Meisterin

Je häufiger »Ruhebilder« in die Vorstellungskraft gelangen, desto eher werden sie zu einem festen Bestandteil der eigenen Fantasiewelt. Mitunter tauchen sie dann ganz von alleine auf, gerade in Situationen, in denen Ruhe und Besinnung Not tun.

Die Kraft der Bilder

Ruhebilder aktiv einsetzen

In turbulenten Situationen können Sie einmal ausprobieren, ein Ruhebild aktiv einzusetzen. Denken Sie z. B. an eine Besprechung, in der »die Wellen hochschlagen« und alle erregt aufeinander einreden. Sie könnten dann ausprobieren, wie es ist, wenn Sie die »Wogen« in Ihrer Vorstellung »ein wenig glätten«. Lassen Sie doch bei einer passenden Gelegenheit, wenn es in der Familie oder am Arbeitsplatz mal wieder hoch hergeht, vor Ihrem inneren Auge den »ruhigen See« erscheinen.

Archetypische Bilder

Bestimmte innere Bilder sind Allgemeingut und fanden zu allen Zeiten bei allen Völkern Anwendung in der Heilkunst. Einer der bekanntesten Vertreter für die therapeutische Nutzung von Fantasiebildern ist der Psychoanalytiker C. G. Jung. Auf seinen ausgedehnten Forschungsreisen untersuchte er Bilder und Vorstellungen verschiedener Völker, die als so genannte »archetypische Bilder« immer wieder auftauchen: Die Sonne, das Meer, der Held, der Weise, der Drache sind bekannte »Archetypen«, die von Märchen und Mythen her bekannt sind. Das Faszinierende daran ist, dass diese Bilder in allen Kulturen die gleiche symbolische Bedeutung haben und eine Verständigung auf einer tieferen, seelischen Erlebnisebene ermöglichen.
Damit ist nicht gemeint, dass die »Archetypen« etwa »angeboren« sind, sondern die Fähigkeit, psychische Inhalte in Bildern zu ordnen, ein Strukturierungsprinzip ist, das phylogenetisch, d. h., stammesgeschichtlich, erworben wurde. Auch Tierfiguren haben archetypische Bedeutung. Nach der Lehre der indianischen Völker Amerikas ist z. B. die Schildkröte das älteste Symbol auf dem Planeten Erde. Es ist die Personifizierung der Energie der mütterlichen Gottheit, von der alle ihr Leben haben. Die Schildkröte gilt bei den Indianern als eine hervorragende Lehrerin, wenn es darum geht, Fuß zu fassen. Sich in der Vorstellung mit ihrer Kraft zu verbinden, heißt, Boden unter die Füße zu bekommen und »der Zeit nicht vorauszueilen«. Der Adler symbolisiert bei den indianischen Völkern Weitblick und Scharfblick. Sich in der Vorstellung als Adler zu sehen, heißt, sich diesen Kräften anzunähern.
Die Fähigkeit, Wünsche, Verhaltensweisen, Beobachtungen und Gefühle in einem Symbol zu verdichten, »sich ein Bild davon zu machen«, ist in jedem Menschen vorhanden. Sie kann genutzt werden, um unbewusste Kräfte zu aktivieren, im Umgang mit den alltäglichen Herausforderungen.

Sich selber helfen: Imaginationen anwenden

Ich wartete auf den Bus zur Schule, als Kind, im Winter. Schnee lag, der Bus hatte Verspätung, und es war kalt, kalt, kalt. Ich glaubte, dass meine Füße abfrören, wenn ich nicht gleich etwas unternehme. Und so stellte ich mir eine Art Thermometer vor, das durch meine Füße geht, von oben, die noch halbwegs warmen Beine hinunter, bis zu den Zehen, dann in einem Bogen wieder hinauf. Oben im »Thermometer« stellte ich mir die Farbe Rot vor für die Wärme des Leibes. Unten war Blau – man kann sich denken weshalb. Ich versuchte nun, das Rot hinunterzudrücken und das Blau zu verdrängen. »Hauptsache die Füße sind warm«, dachte ich mir…
V. Friebel, Die Kraft der Vorstellung

Kinder vertrauen noch auf ihre magischen Kräfte und darauf, dass sie ihre Körperfunktionen mit Hilfe ihrer Vorstellungskraft beeinflussen können.
Haben Sie auch Erinnerungen an die Kindheit, wo Sie Ihre Vorstellungsgabe genutzt haben, um sich selber zu helfen? Auch im Erwachsenenalter ist es möglich, die Fähigkeit wieder zu entdecken, zu aktivieren und gezielt einzusetzen.

Eine Frau, die an beängstigenden Herzrhythmusstörungen litt, stellte sich ein kleines Mädchen auf einer Schaukel vor, das in regelmäßigem Takt vor und zurück schwingt. Jedesmal, wenn sie den Rhythmus ihrer Herzschläge unter Kontrolle bringen wollte, rief sie sich die regelmäßige Schaukelbewegung vor ihr geistiges Auge. Bald brauchte sie keine Herzmittel mehr – ihre Beschwerden waren innerhalb kurzer Zeit verschwunden.
Simonton/Simonton, Wieder gesund werden

Stressbedingte Symptome beeinflussen

Wenn Sie Visualisierungstechniken anwenden möchten, ist der erste Schritt, sich in einen entspannten Zustand zu versetzen. Sie können dies mit Hilfe der Atmung tun, indem Sie z. B. mit jedem Ausatmen Spannung loslassen, um dann die Aufmerksamkeit auf die Bauchatmung zu lenken. Die Schwere- und Wärmeübung aus dem Autogenen Training sind ebenfalls geeignet. Ein immer wieder auftauchendes Element in vielen Kulturen, das auch Eingang gefunden hat in Anleitungen zum Visualisieren, ist die Vorstellung von Licht. Licht gilt als Symbol für heilende, Leben spendende Kraft. Im therapeutischen Bereich nutzt man die Fantasie- und Suggestionskräfte nicht nur, um Entspannung herbeizuführen, sondern auch um Heilungsprozesse zu unterstützen und stressbedingte Symptome gezielt zu beeinflussen.

Herzblume

▶ Stell dir vor, du gehst an einem Sommertag durch einen großen Garten, in dem es viele verschiedene Pflanzen gibt. Eine wunderschöne Blume in einem warmen, leuchtenden Goldgelb fällt dir auf. Du spürst dein Herz und wie es atmet. Die herrliche Blüte hat dort einen Platz. Du atmest mit deinem Herzen ein und aus. Die zarte goldgelbe Blume bewegt sich sanft im warmen Hauch deines Atems. Wohltuende, sanfte Herzwärme breitet sich aus. Dein Herz strahlt Ruhe und Wärme aus.

Goldenes Licht

▶ Sie liegen entspannt auf dem Rücken und stellen sich ein goldenes, warmes Licht vor, das über Ihnen schwebt. Es kann aussehen wie eine Sonne oder eine Lichtkugel, es ist Ihnen irgendwie vertraut und Sie geben ihm die Form, die Ihnen dazu einfällt. Das Licht ist reine Lebenskraft, wohltuende Energie – lassen Sie diese Vorstellung auf sich wirken. Holen Sie das Licht näher heran. Es dringt ein durch Ihre Poren, Sie fühlen, wie es sich im Körper ausbreitet. Lenken Sie mit Hilfe Ihrer Vorstellungskraft das goldene, warme Licht dorthin, wo es besonders gebraucht wird. Baden Sie Ihre Augen darin, wenn Sie überanstrengt sind, Ihre überlasteten Ohren und Ihren nervösen Magen. Lassen Sie die Gewebe Ihres Körpers durchströmen von Kraft und Ruhe.

Vorstellungen wirken

▶ Vielleicht machen Sie sich ab und zu folgendes bewusst:
- Das Bild, das Sie von sich selber in Stresssituationen haben, wirkt sich auf Ihr Verhalten aus.
- Die Vorstellung, eine Aufgabe zu bewältigen, ist ein Teil der Bewältigung.
- Die Vorstellung von wohltuenden Empfindungen wie Schwere und Wärme bewirkt Entspannung.
- Die Vorstellung positiver innerer Bilder weckt positiv getönte Gefühle.

Die Fantasie spielen lassen

▶ Wenn Sie einen nervösen Magen haben und Ihnen Wärme gut tut, können Sie sich vorstellen, dass eine Wärmflasche auf Ihrem Bauch liegt oder dass an der Stelle, wo Ihr Sonnengeflecht ist, eine kleine Sonne Wärme verströmt.

▶ Welche Art Vorstellung könnte dazu beitragen, einen »kühlen Kopf« zu behalten?

▶ Sie können alles Mögliche in Ihrer Fantasie durchspielen. Experimentieren Sie ruhig ein bisschen mit unterschiedlichen Vorstellungen und malen Sie sich wünschenswerte Zustände aus.

Der innere Ratgeber

Innere Stimme

Bei der Lösung eines berufliches Problems, mit dem ich mich vor kurzem herumschlug, bat ich meine Ratgebergestalt, einen Hasen namens Corky, um Hilfe. Tagelang hatte ich versucht, einen Ausweg aus der schwierigen Situation zu finden. Nichts fiel mir ein. Ich fühlte mich frustriert und gestresst. Eines Tages kam mir schließlich der Gedanke: »Mal sehen, was Corky dazu meint.« Ich schloß meine Bürotür ab, zog die Rolläden herunter und ließ mich in meinen Sessel fallen. Schon bald sah ich vor mir, wie ich am Skihang bei Mammoth sitze – eine Stelle, an der ich mich häufig aufhalte, wenn ich mich entspannen will. Sekunden später saß Corky plötzlich vor mir. Ich schilderte ihm mein Problem und fragte »Was soll ich bloß tun?«
Simonton/Simonton, Wieder gesund werden

Im therapeutischen Bereich, in der Gesundheitsvorsorge, in Entspannungskursen und bei der Stressbewältigung wird vielfach davon ausgegangen, dass im unbewussten Teil unserer Persönlichkeit wertvolle Energiereserven verborgen sind. Dieser unbewusste Anteil des Selbst tritt in Verbindung mit dem bewussten Selbst in der Sprache der Träume, Fantasiebilder und Gefühle.
Die Bildersprache der Seele zu verstehen, bedeutet Zugang zu den inneren Hilfsquellen zu haben, um sich den Anforderungen der Außenwelt besser stellen zu können. Mit Hilfe der Vorstellungskraft ist es möglich, Zugang zu diesem inneren Kräftepotenzial zu finden. Sicher haben auch Sie schon einmal die Erfahrung gemacht, dass es so etwas wie eine »innere Stimme« gibt, die Ihnen sagt, was Sie tun sollen und dass sich ein untrügliches Gefühl einstellt, wonach Sie sich richten können.
Therapeuten, Ärzte, Analytiker, psychologische Berater haben diese innere Instanz u. a. als »inneren Ratgeber« bezeichnet. Indem man ihm in der Fantasie eine Gestalt verleiht, ihn bildhaft vor sich sieht, ist es möglich, mit ihm zu kommunizieren und ihn zu befragen. Damit eröffnet sich ein Weg, verborgene Kräfte zu nutzen, die über das Wachbewusstsein nicht zugänglich sind. Auch in der Stressbewältigung kann der »innere Ratgeber« eingesetzt werden. Ein wichtiger Aspekt dabei ist, dass man sich damit des Teiles des Gehirns bedienen kann, das zuständig ist für bildhaftes, intuitives Denken.

Innerer Ratgeber: »Mein Ruhetier«

Die Imagination kombiniert Entspannung mit einer bestimmten Zielsetzung, beispielsweise um kreative Lösungen für Probleme zu finden oder die Abwehrkräfte des Organismus zu stärken. In der Fantasie nimmt der innere Ratgeber unterschiedliche Gestalten an. Er kann in Erscheinung treten als Märchengestalt, als weiser alter Mann, als kleines Kind, als Comic-Figur oder auch als Tier. Stellen Sie sich ein Tier vor, das Sie mit Ruhe und Gelassenheit verbinden. Wie wäre es, wenn Sie es einmal zu Ihrem »inneren Ratgeber« machen?
Entspannen Sie sich mit Ihrer Lieblingsübung. Versetzen Sie sich mit Hilfe Ihrer Fantasie an Ihren bevorzugten Ruheort. Wenn Sie richtig angekommen sind und sich wohl fühlen, stellen Sie sich Ihr »Ruhetier« vor. Es sitzt auf dem freien Platz neben Ihnen, Sie brauchen sich nur ein wenig nach rechts zu drehen. Betrachten Sie es in Ruhe und nehmen Sie Kontakt mit ihm auf, z. B. indem Sie es fragen, ob es einen Namen hat und wo es herkommt. Sie können ihm auch eine Frage stellen, die Ihren Umgang mit Stress angeht, z. B. »Was würdest du an meiner Stelle als Erstes tun, um Stress abzubauen?« »Was brauche ich, um mich wohl zu fühlen?« »Was entspannt mich?« Wenn einer Ihrer Hauptstressoren Ihr Chef ist, könnten Sie vielleicht fragen: »Was kann ich tun, damit ich mich über Herrn X nicht mehr so aufrege?« Warten Sie ab, ob eine Antwort kommt. Achten Sie auch darauf, wie das Tier sich verhält und wie es sich bewegt; auch darin können Hinweise enthalten sein, die Ihren Umgang mit Stress und Entspannung betreffen.
Der »innere Ratgeber« repräsentiert einen Teil der Persönlichkeit, der über gezieltes, rationales Denken und Planen nicht zum Zuge kommt. Möglicherweise erhalten Sie überraschend ein-

fache Antworten und gelangen zu einer anderen Einschätzung der Situation, in der Sie sich gerade befinden.

Groll überwinden

Die Erinnerung an belastende, spannungsgeladene Situationen versetzt den Organismus genauso unter Stress wie das ursprüngliche Erlebnis. Die meisten Stresssituationen entstehen im zwischenmenschlichen Bereich: Ein ungerechter Chef, eine Kollegin, die Lügenmärchen verbreitet, ein Vermieter, der dauernd die Heizung abstellt, eine Tochter, die sich an keine Regeln hält – sie alle können zu Ärgernissen werden, die Stress auslösen.
Wenn es gelingt, sich in Gesprächen wieder zu verständigen, kann der Ärger überwunden werden. Manchmal scheint eine Einigung aber unmöglich zu sein, dann kann aus einem harmlosen Ärger ein tief sitzender Groll werden. Groll ist ein seelischer Vorgang, der immer wieder neuen Stress erzeugt. Viele Menschen malen sich Streitgespräche und die daran beteiligten Personen und Kränkungen, die sie erfahren haben, immer wieder aus, ohne auch nur einen Schritt voranzukommen. Indem der Groll stets aufs Neue genährt wird, erzeugen Sie eine Art Dauerstress, der den Organismus so unter Spannung versetzen kann, dass die natürlichen Abwehrkräfte gelähmt werden.
Wenn Sie feststellen, dass Sie über eine bestimmte Person und deren verachtenswertes Verhalten dauernd nachgrübeln, wenn Sie sich belastende Erlebnisse, Kränkungen, Verletzungen immer wieder in die Erinnerung zurückrufen, wenn eine Person und ihr Verhalten zu einem ständigen Ärgernis für Sie geworden sind, wenn Sie einen Ausweg suchen, um Ihren Ärger, Ihren Groll loszuwerden, dann gibt es neben Gesprächen und äußeren Maßnahmen die Möglichkeit, eine innere Veränderung herbeizuführen. Versuchen Sie, der betreffenden Person zu verzeihen, indem Sie ihr Gutes wünschen und sich bildlich vorstellen, dass ihr Gutes widerfährt.
Vielleicht finden Sie diesen Gedanken unmöglich, weil Ihre Gefühle ja ganz andere sind. Es geht dabei auch nicht darum, Gefühle zu unterdrücken oder zu verleugnen, sondern in dem Wissen darum, dass Groll und Ärger schädlich sind, einen Schritt in die andere Richtung zu tun – etwas Neues auszuprobieren.
Auch hierbei kann Ihnen Ihre Fantasie gute Dienste leisten, indem Sie den Menschen, der Sie am meisten ärgert, dem Sie grollen, den Sie am liebsten »auf den Mond schießen« möchten, »mit anderen Augen sehen.«

Die Motivation für die Durchführung einer solchen Imagination kann sein, sich von einem »inneren Stressor« zu befreien, der viel Energie kostet und Lebensfreude nimmt. Nachdem Sie sich in einen entspannten Zustand versetzt haben, suchen Sie in Ihrer Vorstellung wieder Ihren bevorzugten Ruheort auf. Lassen Sie vor Ihrem inneren Auge denjenigen Menschen erscheinen, über den Sie sich am meisten ärgern, dem Sie grollen, der Sie verletzt hat. Gehen Sie um ihn herum und versuchen Sie ihn einmal mit anderen Augen anzuschauen, sehen Sie ihn in Ihrer Fantasie als kleines Kind. Malen Sie sich nun aus, was diesem Kind Spaß gemacht hat. Sehen Sie es auf einer Schaukel sitzen oder mit einer Katze spielen – was Ihnen einfällt. Stellen Sie sich alles bildhaft und so deutlich wie möglich vor. Vielleicht sitzt dieser Mensch in Ihrer Fantasie lachend mit Freunden zusammen, Sie sehen ihn glücklich in einer schönen Landschaft spazieren, er erfährt Lob und Anerkennung usw. Vielleicht fällt es Ihnen anfangs noch schwer, sich vorzustellen, dass es einem Menschen, den Sie ablehnen, gut gehen soll. Wenn Sie häufiger Ihre Gedanken und Vorstellungen dahingehend beeinflussen, werden Sie feststellen, dass sich etwas bei Ihnen verändert. Möglicherweise können Sie die Beweggründe des Menschen, der Sie verletzt hat, auf den Sie wütend sind, besser verstehen. Vielleicht erkennen Sie auch, inwieweit Sie selber an der Situation mitbeteiligt sind. Es kann auch sein, dass Sie das Gefühl haben, etwas Hartes in Ihrem Inneren wird weicher und Sie fühlen sich freier.

Ziel der Übung ist es, den »Bann zu brechen«, unter dem Sie stehen, wenn Gedanken und Vorstellungen von Groll und ähnlichen Gefühlen beherrscht werden.

Sie können diese Methode auch einmal in Situationen anwenden, von denen Sie wissen, dass Sie dabei leicht »unter Strom« geraten. Wenn Sie sich im Straßenverkehr über Leute ärgern, die Sie rasant überholen, stellen Sie sich vor, dass diese rechtzeitig und gesund ihr Ziel erreichen. Wenn Sie sich bereits am Morgen mit einem Familienmitglied gestritten haben, können Sie sich vorstellen, dass dieses einen guten Tag hat. Probieren Sie einfach aus, ob darin eine Möglichkeit für Sie steckt, innere Spannungen zu verringern.

Aus der Perspektive des Adlers sehen

Das Ärzte- und Psychologenteam Simonton/Craighton, das »Imaginationen« zur Stärkung des Immunsystems bei Patienten einsetzt, betont, wie wesentlich es ist, alten Groll loszulassen, weil er die Selbstheilungskräfte blockiert. Sie wenden Imaginationen auch bei sich selber an, um Stress erzeugenden Groll zu überwinden:

Die Visualisierungsübung zur Überwindung unseres Grolls hatte dazu beigetragen, einen Stress zu beheben, mit dem wir uns sonst noch viel länger abgeplagt hätten. Vor allem stellten wir fest, dass wir uns nicht unsere ursprüngliche von Zorn und Schmerz bestimmte Reaktion versagen mussten. Wir hatten vielmehr ein neues Verständnis und damit eine Einstellung gewonnen, die uns von unserem Unbehagen befreite.

Simonton/Simonton, Wieder gesund werden

Die Adlerperspektive einnehmen

Unter Druck und innerer Anspannung besteht die Gefahr, dass sich die Sichtweise zu einer Art »Tunnelblick« verengt. Alles dreht sich um die eigene Problemlage – Stress droht zum Lebensinhalt zu werden. Verstrickt in stressbedingte Gefühle von Angst und Bedrohung wiegen manche Probleme schwerer als sie tatsächlich sind. Gewinnen diese Gefühle die Oberhand, gehen die innere und äußere Flexibilität verloren, eine wichtige Eigenschaft, um Stress zu bewältigen.

Mit Hilfe der Fantasie, der Vorstellungskraft, können festgefahrene, erstarrte Sichtweisen und Verhaltensmuster gelockert werden und neue Lösungsansätze für stressbedingte Probleme ins Blickfeld geraten. Abstand gewinnen, eine Situation von oben betrachten, sich selber sehen in dieser Situation, sich innerlich lösen, um frei zu werden für etwas Neues: Auch dazu tragen die imaginativen Kräfte, die guten Kräfte der Seele, bei.

Der Adler

- Haben Sie als Kind manchmal davon geträumt, fliegen zu können? Erinnern Sie sich noch an das traumhafte Gefühl von Freiheit und Leichtigkeit?

Lassen Sie vor Ihrem inneren Auge einen schönen, stattlichen Vogel erscheinen. Sie haben solch einen großen Vogel vielleicht schon einmal in einem Film gesehen oder sogar in Wirklichkeit. Er erhebt sich in die Luft und Sie verfolgen ihn mit den Augen. Sie hören gerade eine beschwingte Musik und so fällt es Ihnen leicht, den Vogel auf seinem Flug zu begleiten. Mit seinen majestätisch ausgebreiteten Schwingen fliegt er über Länder und Meere, Wälder und Seen, Dörfer und Städte. Sie fliegen mit ihm zu einem Ort, wo Sie immer schon einmal hin wollten, und Sie haben alle Zeit dazu, die Sie brauchen, um dort anzukommen und sich wohl zu fühlen.

Neu zusammensetzen

Die Fantasie gleicht einem Prisma, das vieles in Facetten und Farben zerlegt und wieder zu neuen Bildern und Farben zusammensetzt.

Else Müller, Du fühlst die Wunder nur in Dir

Die Sichtweise verändern

Lösungs-orientiert

denken und handeln

Eine andere Perspektive einzunehmen ermöglicht einem manchmal, über den Dingen zu stehen und den Überblick wiederzugewinnen.

Ü Entspannungsbilder schaffen

Sehen Sie sich selbst als stressgeplagten Menschen? Eine Möglichkeit, die Sichtweise zu verändern ist es, sich ein Bild von sich selbst als einem Menschen zu schaffen, der entspannt, aufmerksam und stressfrei durch das Leben geht. Möchten Sie das einmal ausprobieren? Sie brauchen dazu nur ein wenig Ruhe und einige Blätter Papier in unterschiedlichen Farben.

1 Sich ein Bild machen

› Stellen Sie sich selbst als einen Menschen vor, der ganz entspannt und wach ist. Wie sehen Sie aus, wenn Sie diesen Zustand der Entspannung erreicht haben? Wie stehen, sitzen oder liegen Sie da, wenn Sie ganz entspannt sind? Wie sieht Ihr Gesicht aus, wie Ihre Augen, Ihr Mund, Ihre Haare?

Wie sind Sie in diesem Zustand der Entspannung heute bekleidet? Welche Schuhe tragen Sie, oder tragen Sie gar keine Schuhe? Welche Farben hat Ihre Kleidung? Tragen Sie eher enganliegende oder weite Kleidung?
Wie klingt Ihre Stimme in diesem Zustand von entspannter Aufmerksamkeit? Lauter, leiser, höher oder tiefer? Wo im Körper können Sie diesen Zustand der Entspannung am deutlichsten spüren? In den Füßen, den Beinen, dem Becken oder Bauch, dem Rücken, den Schultern, Nacken oder Kopf, oder in Armen und Händen? Wie geht Ihr Atem in diesem entspannten, stressfreien Zustand?
Welche Namen haben Sie in diesem entspannten Zustand?

Ein Farbmuster der Entspannung für den heutigen Tag

2 Hineinschlüpfen wie in einen Mantel

Schlüpfen Sie in dieses Bild von sich selbst als entspannter Mensch hinein wie in einen Mantel. Was können Sie als entspannter Mensch alles tun? Was können Sie für sich selbst tun? Was können Sie für andere tun? Wer von den Menschen, mit denen Sie zusammenleben, würde sich über Sie in Ihrem entspannten Zustand freuen? Wer würde dagegen sein oder darunter leiden? Würden Sie deshalb darauf verzichten wollen?
Welche Einstellung zu Ihnen selbst und zu anderen ist dem Erreichen dieses Zustandes förderlich? Was können Sie jetzt schon als ersten Schritt in Richtung Entspannung mit sich selbst und den Menschen, mit denen Sie leben und arbeiten, zusammen unternehmen?

3 Dem Bild ein Farbmuster geben

Suchen Sie sich jetzt aus den Papierbögen die Farbe heraus, die für Sie heute diesen Zustand der Entspannung ausdrücken können. Lassen Sie sich Zeit dabei.
Legen Sie die Bögen zu einem Farbmuster, das für Sie heute diesem Zustand der Entspannung genau entspicht. Legen Sie das Muster so oft neu, bis Sie sicher sind, dass es für Sie stimmig ist.
Gibt es Fähigkeiten, die Ihnen dabei helfen können, diesem Zustand der Entspannung zu entsprechen? Geben Sie diesen Fähigkeiten ebenfalls Farben.

4 Den Weg finden

Legen Sie das Muster der Entspannung auf den Boden. Probieren Sie aus, wie weit entfernt von diesem Muster Sie augenblicklich gerade sind. Nehmen Sie jetzt Ihre Fähigkeiten in die Hand und probieren Sie aus, wie es ist, sich damit dem Farbmuster zu nähern, bis Sie in Ihren entspannten Zustand hineinschlüpfen können. Lassen Sie sich Zeit.
Suchen Sie sich andere Standpunkte, von denen aus Sie den Weg zu Ihrem Entspannungsbild finden können. Welcher Weg ist für Sie der Beste?

5 Das Bild festigen

Legen Sie die Farbkarten Ihres Entspannungsbildes an einen Ort, an dem Sie sich immer wieder an Ihr entspanntes Bild von sich selbst erinnern können. Probieren Sie öfters aus, ob das Farbmuster für Sie noch stimmt. Die Farben der Fähigkeiten, die Ihnen helfen, den entspannten Zustand zu erreichen, können Sie gerade auch in stressbelasteten Situationen immer bei sich tragen. Haben Sie Ihren Fähigkeiten zum Beispiel die Farbe Rot gegeben, kann Sie ein rotes Taschentuch, eine rote Seidenkrawatte, ein Paar rote Schuhe immer an Ihre Fähigkeiten erinnern, sich zu entspannen. Sie tragen die Fähigkeiten bereits in sich. Sie wissen, dass Sie auch entspannt sein können. ❮

Gesundheitsbild

Der systemische Familientherapeut Herbert Merl hat die Idee des Gesundheitsbildes entwickelt. Die Methode ist ein Beispiel für eine wirksame Form des Umdenkens und Anders-Fragens, des Wechsels der Sichtweisen. Jeder Organismus ist nach Auffassung von Herbert Merl ständig damit beschäftigt, sich selbst zu heilen, sofern nicht gravierende Störungen dies verhindern. Hilfreich dafür ist, ein »Gesundheitsbild« von sich selbst zu haben.
Diese Idee lässt sich mühelos auf Stressbewältigung übertragen: Jeder Organismus ist ständig damit beschäftigt, dem Wechsel von Spannung und Entspannung zu folgen, es sei denn, er wird daran gehindert.
Herbert Merl lebt in Wien und Graz. Ein Video von ihm zum »Gesundheitsbild« ist im Carl Auer Verlag erhältlich.

Sichtweisen erkennen

Man sieht nur das, wonach man schaut
Chinesisches Sprichwort

Sieben Menschen, sieben Meinungen

Schauen Sie sich einmal in Ruhe das Bild auf dieser Seite an. Welche Gedanken und Gefühle tauchen bei Ihnen auf, wenn Sie das Foto betrachten? Können Sie in einem Satz zusammenfassen, welche Bedeutung die Szene für Sie hat?

In einer Gruppe von sieben Menschen kamen ganz unterschiedliche Äußerungen dazu:
Da möchte man sich am liebsten dazu setzen.
In Griechenland sind die Menschen ganz anders.
Bei uns sind die alten Leute oft allein.
Die haben in den südlichen Ländern auch nicht so viel Stress wie wir.
Schrecklich, so alt zu sein und nur noch herumzusitzen!
Typisch! Die Männer lassen sich mal wieder bedienen!
Das Blau der Fensterrahmen ist genau der Ton, in dem ich meine Stühle streichen möchte.
Sieben verschiedene Äußerungen und Sichtweisen. Warum springt dem einen Menschen als Erstes das Blau der Fensterrahmen ins Auge? Warum fühlt sich ein anderer sofort angezogen von dieser Szene und der Dritte zieht Vergleiche zu seiner Lebenssituation?
Wissen Sie, was Ihre eigene Sichtweise beeinflusst hat? Können Sie sich vorstellen, dieses Bild einmal mit ganz anderen Augen anzuschauen, so als ob Sie eine andere Brille aufsetzen?
Waren Sie schon einmal in Griechenland? Dann weckt eine typisch griechische Szene wahrscheinlich positive Erinnerungen und Gefühle bei Ihnen. Wenn Sie Umgang mit alten Menschen haben, ziehen Sie vielleicht Vergleiche und Ihre Wahrnehmung wird davon beeinflusst.

Die Richtung wechseln

Unser Kopf ist rund, damit das Denken die Richtung wechseln kann.
Francis Picabia

Die gewohnte Umgebung, den »eigenen Rahmen«, verlassen und sich auf Reisen für fremde unbekannte Eindrücke zu öffnen, kann die eigenen Wertmaßstäbe verrücken

Flexibel sein

Was ist wirklich? Sich ein Bild von etwas machen

Die unterschiedlichen Sichtweisen von Menschen sind geprägt von deren Weltanschauung, den zugrunde liegenden Erfahrungen, von der Auseinandersetzung mit der Umwelt, von kulturellen Werten und Normen, von Vorlieben und Abneigungen und augenblicklichen Stimmungen und Gefühlen. Umgangssprachlich heißt es ja auch, »jemand sieht schwarz«, »hat die rosarote Brille auf«, »ist auf einem Auge blind«, »hat Scheuklappen auf«.

Psychologen wie Watzlawick sagen dazu, dass in jeder Wahrnehmung bereits eine Deutung steckt, eine eigene Konstruktion der Wirklichkeit. Jeder Mensch konstruiert demnach seine eigene Realität aufgrund der Erfahrungen, die er in den Interaktionen mit seiner Umwelt macht. Diese Konstruktion der Wirklichkeit beeinflusst wiederum die Sichtweise und das Verhalten.

Wir haben es nie mit der Wirklichkeit schlechthin zu tun, sondern immer nur mit Bildern der Wirklichkeit, also mit Deutungen. Watzlawick

Im Umgang mit den alltäglichen Herausforderungen, den kleineren und größeren Belastungen, ist das Bild, das ein Mensch sich von diesen »Wirklichkeiten« macht, von ausschlaggebender Bedeutung. Noch wichtiger ist es zu wissen, dass es »Bilder« sind – Bilder, die man verändern kann.

Flexibel sein

Innere Flexibilität als wesentliche Fähigkeit im Umgang mit den »Wechselfällen des Lebens« zeigt sich u. a. darin, Situationen und Menschen mit anderen Augen, aus einem veränderten Blickwinkel heraus wahrnehmen zu können.
Innere Flexibilität lässt sich trainieren. Im therapeutischen Kontext gibt es dafür den Begriff »umdeuten«. Die Dinge anders sehen zu können, ihnen eine andere Bedeutung zu geben – »etwas, was Sinn macht« – ist der Schlüssel zu Veränderung.

Viele Spannungen entstehen im zwischenmenschlichen Bereich. Aufgrund der unterschiedlichen »inneren Landkarten« kommt es immer wieder zu Konfrontationen. Wenn jeder darauf beharrt, dass seine persönliche Sichtweise, sein »Bild von der Welt« der Realität entspricht, kann keine Annäherung stattfinden. Ein »Perspektivenwechsel«, wie es in der Therapeutensprache heißt, kann helfen, den in Stresssituationen typischen »Tunnelblick« zu erweitern. Das Spektrum der vorhandenen Möglichkeiten rückt ins Blickfeld. Statt das Trennende zu sehen, kann das Verbindende in den Vordergrund rücken.

Offen bleiben – »Die neutrale Brille aufsetzen«

Die eine Seite

Frau M. hat eine neue Arbeitsstelle angetreten und fühlt sich noch fremd und unsicher im Umgang mit ihren Kolleginnen. An ihrem vorherigen Arbeitsplatz hat sie schlechte Erfahrungen gemacht. Es wurde viel hinter dem Rücken der anderen übereinander geredet, die Arbeitsatmosphäre war von Misstrauen und Konkurrenz geprägt.
Frau M. ist bereits gestresst, wenn sie morgens in die Firma kommt. Ihr ist gar nicht bewusst, dass sie geprägt durch ihre Erfahrungen nur Negatives erwartet. Als sie eines Morgens den gemeinsamen Büroraum betritt, verstummen die Gespräche. Sie senkt ihren Blick, während sie zu ihrem Schreibtisch geht und denkt: *Die haben über mich hergezogen. Genau wie in der alten Firma.*
Den ganzen Vormittag über ist Frau M. nervös und kann sich kaum auf ihre Arbeit konzentrieren. Aus dem Augenwinkel heraus beobachtet sie die Kolleginnen. Jedes Mal, wenn das Gespräch an ihr vorbeigeht, fühlt sie sich links liegen gelassen. Ihre Stimmung verschlechtert sich zusehends, ständig kreisen ihre Gedanken um das »Problem«, dass die neuen Kolleginnen sie ablehnen.

Die andere Seite

Die drei Frauen, mit denen Frau M. zusammenarbeitet, finden die neue Kollegin ein wenig zurückhaltend, aber sympathisch. Gemeinsam haben Sie überlegt, wie sie sich ein bisschen besser kennen lernen können. Gerade als sie mitten im Gespräch sind und ein gemeinsames Essen planen, betritt Frau M. den Raum, das Gespräch verstummt. Keine der Anwesenden traut sich nun, die neue Kollegin anzusprechen, da diese den Blickkontakt meidet, sich zurückzieht und anscheinend in Ruhe gelassen werden will. Eine Mauer des Schweigens baut sich auf.

Kennen Sie vergleichbare Situationen?

Was Frau M. befürchtet hat, ist im Sinne einer »sich selbst erfüllenden Prophezeiung« eingetreten.
Haben Sie schon einmal ähnliche Erfahrungen gemacht und hinterher gemerkt, dass Sie sich geirrt hatten? Voreilige Schlüsse aufgrund von Vorurteilen können Stress auslösen. Völlig harmlose Situationen wurden, durch die falsche Brille betrachtet, verzerrt wahrgenommen und können so betrachtet zu Stresssituationen werden.

Mehr als eine Sichtweise ist möglich

Sich selbst erfüllende Prophezeiung
Negative Erwartungen führen im Sinne einer »sich selbst erfüllenden Prophezeiung« häufig dazu, dass das befürchtete Ereignis tatsächlich eintritt. Dieser Zusammenhang wurde in vielen Untersuchungen belegt.

Welche Brille habe ich auf ?

Wenn Sie bemerken, dass Ihr Blick sich trübt, dass Sie »dichtmachen«, sich ärgern, Sie etwas unter Druck setzt, sich Spannungen ankündigen, können Sie Ihre Wahrnehmung schärfen und Ihre Denkgewohnheiten überprüfen. Eine unterstützende Begleitmaßnahme ist die so genannte ABC-Hilfe, die sich der Therapeut Ellis ausgedacht hat, um automatisch ablaufenden Denk- und Bewertungsmustern auf die Spur zu kommen.

Denken Sie an das Beispiel der Situation, in die Frau M. mit ihren Kolleginnen gekommen ist.

A: Auslösendes Ereignis *(activating event)*:
Was ist los?
»Das Gespräch verstummt.«

B: Bewertung *(belief-system)*:
Was denke ich?
»Die haben über mich hergezogen.
Das ist gemein!«

C: Gefühle und Verhalten *(consequences)*:
Wie geht es mir? Wie reagiere ich?
»Ich fühle mich ganz schlecht. Mit denen will ich nichts zu tun haben. Die sind schuld, dass ich jetzt Magenschmerzen habe.«

Stattdessen könnte die Wahrnehmung, Bewertung und gefühlsmäßige Reaktion auf dieses Ereignis auch folgendermaßen aussehen:

Eine andere Bewertung kann zu anderen Ergebnissen führen

A: Auslösendes Ereignis:
Was ist los?
»Die Kolleginnen verstummen, wenn ich den Raum betrete.«

B: Bewertung: Was denke ich?
»Ob die über mich geredet haben?«

C: Gefühle und Verhalten:
Wie geht es mir? Wie reagiere ich?
»Ich fühle mich unsicher, das macht mich total nervös. Am liebsten würde ich weglaufen.«

D: Innerer Dialog:
»Was ist los mit mir? Es ist doch gar nichts passiert. Es ist wieder dieses schreckliche Gefühl wie in der alten Firma. Ich muss den Kolleginnen eine Chance geben, mich kennen zu lernen. Wenn ich mich beruhigt habe, frage ich, ob wir zusammen Tee trinken wollen.«

Irrationale Ideen

Sätzen wie »Die haben über mich hergezogen« liegen »irrationale Ideen« zugrunde, die zu vegetativen Fehlsteuerungen führen und eine Kampf-Flucht-Stimmung hervorrufen können.

Selbstgespräche finden laufend statt, werden aber meist nicht daraufhin überprüft, ob sie Stress mindernd oder Stress verstärkend wirken. Eine Überprüfung von Selbstgesprächen auf ihren Realitätsgehalt hin deckt potenzielle Stressoren auf.

Der innere Dialog

Wenn Sie sich die Zeit nehmen, häufiger einen inneren Dialog zu führen, können Sie allmählich herausfinden, wie Ihre Bewertungen zustande kommen. Sie reagieren dann in »stressigen Situationen« bewusster und überlegter. Die eigenen Stress auslösenden Anteile werden deutlicher wahrgenommen.

Die ABC-Hilfe aus der Rational-Emotiven-Therapie (RET) als Strategie der Stressbewältigung

Der amerikanische Psychotherapeut Albert Ellis hat eine Methode der Verhaltensanalyse entwickelt, die auch in der Bewältigung von Stress als »Hilfe zur Selbsthilfe« eingesetzt werden kann.

Der Name dieser Therapie drückt aus, dass durch eine Veränderung des Denkens, der »ratio«, die Gefühle, die »Emotionen«, verändert werden können. Nach der Auffassung von Ellis sind die inneren Selbstgespräche bei der Entstehung psychischer Probleme entscheidend. Auch Stress kann ohne äußeres Ereignis, allein durch psychische Vorgänge wie Angst, Wut, Neid, Hass und Schuldgefühle ausgelöst werden. Auf die Bewertung kommt es an. Wenn beispielsweise jemand bei einer Prüfung durchfällt, kann er eine Art Selbsthass entwickeln und sich durch Selbstvorwürfe in eine Daueranspannung hineinmanövrieren. Fragt man diese Person, warum es ihr so schlecht geht, wird sie wahrscheinlich antworten: Weil ich bei einer Prüfung durchgefallen bin. Aber nicht alle Menschen, die bei einer Prüfung durchfallen, reagieren so. Es wäre sogar denkbar, dass jemand froh ist, dass er nicht bestanden hat, weil ihm dadurch klar wurde, dass seine Talente ganz woanders liegen. Es zeigt sich also, dass auf das Ereignis »Durchfallen bei einer Prüfung« keineswegs die Konsequenz folgen muss, unter gefühlsmäßige Daueranspannung zu geraten.

Nach dem ABC-Schema der Rational-Emotiven-Therapie erlebt eine Person zeitlich nach dem auslösenden Ereignis oder der aktivierenden Erfahrung (A = activating event), hier dem Nichtbestehen einer Prüfung, bestimmte Konsequenzen auf der Gefühls- und Verhaltensebene. Entgegen der irrigen Annahme, dass A die Ursache von C ist, lautet die Folge ABC, wobei B für »belief-system« steht oder auch für »Bewertung einer Situation«. Diese geschieht häufig automatisch und führt zu voreiligen Schlussfolgerungen, z. B. weil

- die Vergangenheit oder die aktuellen Probleme einseitig wahrgenommen werden;
- man unrealistische Erwartungen an seine Umgebung hat, die zwangsläufig enttäuscht werden müssen;
- man sich über Dinge aufregt, die nicht zu ändern sind.

Laut Ellis sind es bestimmte irrationale Ideen, die emotionale Störungen verursachen und aufrechterhalten. Zentral bei der Entstehung und Verfestigung von emotionalem Stress ist die irrige Annahme, dass man eigentlich keine Kontrolle über seine Gefühle hat und diesen hilflos ausgeliefert ist.

Laut Ellis hat jeder Mensch enorme Kontrollmöglichkeiten über die destruktiven Gefühle, wenn er sich dazu entschließt, daran zu arbeiten, seine Bewertungen und »Glaubenssätze« zu untersuchen und zu verändern.

ABC-Hilfe

- Normalerweise erfolgt die Reaktion auf ein Ereignis blitzschnell und viele hundert Mal am Tag. Die ABC-Hilfe kann angewandt werden, um automatisch ablaufenden, Stress auslösenden Denk- und Verhaltensmustern auf die Spur zu kommen.

Fragen, die weiterhelfen

- Gibt es eine Stresssituation in Ihrem Leben, die immer wiederkehrt und die Sie als festgefahren erleben?
- Können Sie sich vorstellen, die »neutrale« Brille aufzusetzen und diese Situation einmal mit ganz anderen Augen zu betrachten?
- Welche Gedanken und Sätze kommen Ihnen in den Sinn, wenn Sie an diese Situationen denken?

Selbstgespräche

Geht man davon aus, dass Emotionen häufig, wenn auch nicht immer, von Denkvorgängen begleitet sind und dass sich das alltägliche Denken gewöhnlich in Form von Worten, Redewendungen und Sätzen vollzieht, dann liegt der Schluss nahe, dass ein großer Teil unserer Gefühle die Form von Selbstgesprächen oder verinnerlichten Sätzen annimmt. Wenn dem so ist, dann sind Redewendungen und Sätze, die wir uns immer wieder vorsagen, praktisch identisch mit unseren Gedanken und Gefühlen, bzw. verwandeln sich in diese.

Allbert Ellis

Gedanken lenken

Negativsätze herausfinden

Wenn Sie anfangen, Ihre Gedanken systematisch zu beobachten, stellen Sie vielleicht fest, dass es immer wiederkehrende Standardsätze gibt, die gerade in kritischen Situationen, in denen Sie unter Stress stehen, auftauchen:

Das halte ich nicht aus.
Das schaffe ich nie.
Nur Stress heute.
Das passiert auch nur mir.
Das kann ja gar nicht gut gehen.

Es sind typische Beispiele für Schwarzmalerei und »Pechvogel-Denken«. Ungewollt verschärft sich die Lage durch diese negativen Denkgewohnheiten, die nichts zu einer Problemlösung beitragen, noch mehr.
Ersetzen Sie einmal »Das passiert auch nur mir« durch »Das kann jedem passieren« und sprechen Sie beide Sätze laut aus. Merken Sie, wie unterschiedlich Worte wirken können?
Wenn Sie noch einen Schritt weitergehen und statt dieser negativen Sätze positive Leitgedanken einsetzen, stärkt dies Ihre Motivation in Richtung »lösungsorientiertes Handeln«.
So genannte »Stresskognitionen«, d.h. Stress auslösende und Stress verstärkende Gedanken herauszufinden und stattdessen »positive Leitsätze« einzuführen, ist eine Form der Selbstinstruktion, ein Appell an die inneren Kräfte und Kompetenzen.
Es gelangen Eigenschaften und Fähigkeiten ins Blickfeld, die gerade in kritischen Situationen gebraucht werden: Toleranz, Selbstvertrauen, Geduld, Klarheit, Gelassenheit, Zuversicht und Humor gehören dazu.

Positive Leitsätze

Wesentlich beim Einsetzen von positiven Leitsätzen, auch »Affirmationen« genannt, ist die richtige Wortwahl. Der Leitsatz sollte in der Gegenwartsform stehen und eine erstrebenswerte hilfreiche Eigenschaft oder Fähigkeit ansprechen. Wenn Sie z. B. dazu neigen, zu denken *Das halte ich nicht aus* könnte eine passende Affirmation für Sie lauten: *Ich vertraue auf meine Ausdauer* (Durchhaltevermögen). Statt *Das kann gar nicht gut gehen* wäre möglich: *Ich sehe den Dingen gelassen entgegen* (Optimismus).
Statt *Das schaffe ich nie*: *Ich vertraue meinem Können und meinen Fähigkeiten.*
Weitere Affirmationen, die im Umgang mit Stress eingesetzt werden können, wären z. B.:
Ich vertraue auf meine inneren Kräfte (Selbstvertrauen).
Ich bin wach und bereit (Klarheit-Präsenz).
Ich wachse mit meinen Aufgaben (Zuversicht).

»Formelhafte Vorsätze«

Neben Affirmationen zur allgemeinen Stärkung der inneren Kräfte gibt es außerdem die Möglichkeit, Leitsätze zu gestalten, die auf ein ganz persönliches Anliegen zugeschnitten sind. Sie werden im Autogenen Training »formelhafte Vorsätze« genannt und im entspannten Zustand, in dem eine hohe Beeinflussbarkeit besteht, eingesetzt. Genau wie die Entspannungsformeln (*siehe Seite 79*) sollten sie eingängig und einprägsam sein, damit sie sich im Bewusstsein verankern und zu einem Teil des inneren Zwiegesprächs werden.

Innere Zwiegespräche haben genau wie Vorstellungsbilder die Tendenz, sich zu verwirklichen. Wenn »formelhafte Vorsätze« Eingang in den inneren Dialog finden, wirken sie weiter und sind als Methode einsetzbar, mit der störende Angewohnheiten und Verhaltensweisen gezielt beeinflusst werden können.

Gerade bei der Bewältigung von Stress, bei der die Überwindung von festgefahrenen Denk- und Verhaltensgewohnheiten so wesentlich ist, können positive Leitsätze zu »kleinen Ursachen mit großer Wirkung« werden. Bereits bei der Gestaltung des Leitsatzes richten sich die Gedanken in Richtung Lösung aus und lassen neue Ideen und Vorstellungsbilder entstehen.

Formelhafte Vorsätze sollten …
- einem wirklichen Bedürfnis entsprechen.
- realisierbar und auf ein klares Ziel hin ausgerichtet sein.
- positiv formuliert sein und nicht in der Verneinung (Negation) stehen. Bei *Ich habe keine Angst*, setzt sich in der Vorstellung der Begriff Angst durch.
- in der Gegenwartsform stehen, weil sie dann die Vorstellung vermitteln, dass das Gewünschte bereits eingetreten ist.

Wenn Sie für sich diese Methode der Selbstbeeinflussung ausprobieren möchten, ist es ganz wesentlich, dass der Leitsatz zu Ihnen passt, dass er sich für Sie »gut anfühlt«. Er darf sich auch gerne reimen und humorvoll sein. »Überall und jederzeit – Ruhe und Gelassenheit« ist z. B. ein beliebter »formelhafter Vorsatz« aus dem Autogenen Training.
Wählen Sie ein Problem aus, für das Sie eine Lösung suchen, eine lästige Angewohnheit, die Sie loswerden wollen, etwas, dass für Sie mit Stressbewältigung in Verbindung steht.

Den »Schlüsselsatz« finden

Ein formelhafter Vorsatz sollte wie ein Schlüssel sein, der die richtige Tür öffnet. Er muss passen und mit den inneren Beweggründen übereinstimmen. Wenn Sie beispielsweise zu den Menschen gehören, die leicht aufbrausen, an diesem Verhalten aber gar nichts ändern wollen, wäre es unsinnig mit dem formelhaften Vorsatz *Ich bin ganz ruhig und gelassen* zu arbeiten.
Die folgenden Beispiele sollen Sie anregen, eigene Problemfelder, Gefühlslagen, Motive und Absichten zu sehen, um dann einen ganz persönlichen Leitsatz zu gestalten.

Das Problem: Herrn O. fällt es schwer, vor Leuten zu sprechen. Er fühlt sich jedesmal gehemmt und unsicher. Im Rahmen seiner Berufstätigkeit muss er häufiger bei betrieblichen Versammlungen eine Rede halten. Jedesmal gerät er schon vorher unter Stress und kann sich dadurch nicht mehr so gut ausdrücken.
Herr O. braucht : Sicherheit, Selbstvertrauen, Ruhe.
Mögliche »formelhafte Vorsätze«:
Ich spreche ruhig und sicher.
Ich rede frei.
Ich kann mich gut ausdrücken.

Das Problem: Frau R. hat die Angewohnheit, anderen Leuten ins Wort zu fallen. Sie ist sehr beschäftigt mit dem, was sie zu sagen hat und kann kaum abwarten, bis ihre Gesprächspartnerinnen ausgeredet haben. Gesprächssituationen werden für sie schnell zu Stresssituationen.
Frau R. braucht: Ruhe, Geduld, Aufmerksamkeit.
Mögliche »formelhafte Vorsätze«:
Ich höre aufmerksam zu.
Ich lasse die anderen ausreden.
Ich bin in allen Gesprächen ruhig und gelassen.

»Überall und jederzeit – Ruhe und Gelassenheit«

Ich erledige eins nach dem anderen

Das Problem: Frau N. ist Buchhändlerin und gerät täglich unter Druck, wenn verschiedene Anforderungen gleichzeitig auf sie einstürmen. Eine typische Situation: Das Telefon klingelt, eine neue Kollegin fragt sie nach einem Buchtitel, mehrere Kunden wollen bedient werden. Statt *Ich lasse mich nicht unter Druck setzen* wäre denkbar:
Ich arbeite ruhig und konzentriert.
Ich erledige eins nach dem anderen.
Innere Ruhe gibt mir Kraft.

Wenn Sie für sich einen Leitsatz gefunden haben, mit dem Sie arbeiten möchten, schreiben Sie ihn auf und platzieren ihn gut sichtbar an Ihrem Arbeitsplatz, damit Sie sich immer daran erinnern.
Wiederholen Sie diesen Satz immer wieder, damit er zu einem festen Bestandteil Ihres inneren Zwiegespräches wird. Denken Sie vor dem Einschlafen und nach dem Aufwachen daran und setzen Sie ihn vor allen Dingen im entspannten Zustand ein, damit er seine volle Wirkung entfalten kann.

Ein Motto für den Tag

- Probieren Sie einmal aus, einen x-beliebigen Tag unter ein bestimmtes Motto zu stellen, z. B. *Heute bin ich offen für positive Erfahrungen*, oder *Heute gewinne ich allem, was mir begegnet, die humorvolle Seite ab.*

Optimismus ausdrücken

- Formelhafte Vorsätze und Affirmationen sollen Selbstvertrauen und Optimismus ausdrücken. Für den Anfang ist es eine Hilfe, sich immer wieder zu sagen, was man gut kann und an sich mag:
  Ich bin ein guter Koch oder
  Ich kann gut zuhören oder
  Ich habe Humor.
  Daraus kann dann die Formel werden:
  Ich löse meine Aufgaben und Probleme.

Nicht zu viel erwarten

- Erwarten Sie bitte nicht, dass eine am Morgen entdeckte Formel bereits am Abend wirkt. Durch die ständige Wiederholung des Leitsatzes, insbesondere im entspannten Zustand, können Sie sich aber durchaus Sicherheit, Vertrauen und Mut selber einflößen.

Sichtweisen verändern

Vier Reaktionen – ein Stressor

In einem Mehrparteienhaus wohnt eine junge Familie mit einem drei Monate alten Säugling, der jeden Abend zur gleichen Zeit eine Stunde lang schreit. Er leidet unter für dieses Alter typischen Blähungen.

Was geht in diesem Kind vor?

A: Die Mutter hat alles Mögliche getan, um das Baby zu beruhigen. Sie ist völlig übermüdet und erschöpft, weil sie unter Schlafmangel leidet. Während sie das Baby herumträgt, wird sie immer nervöser und denkt: *Jetzt ist Frau B. bestimmt sauer, in letzter Zeit grüßt sie mich kaum noch.*

B: In der Wohnung nebenan sitzt Frau B. an ihrem Schreibtisch und ist dabei, die längst fällige Steuererklärung zu machen. Als der Säugling zu wimmern anfängt, wird sie nervös und fühlt sich bei der Arbeit gestört. Sie denkt: *Nicht schon wieder! Das ist ja zum Wahnsinnigwerden! Das lasse ich mir nicht länger gefallen!*

C: Über der jungen Familie wohnt eine alte Dame, die in eine spannende Lektüre vertieft ist. Als das Baby zu schreien anfängt, erinnert sie sich an die Zeit, als ihre Kinder klein waren. Sie denkt: *So etwas gab es früher nicht. Der Lärm ist unzumutbar bei der hohen Miete. Ich werde mich beschweren!*

D: Als der junge Vater nach einem arbeitsreichen Tag das Haus betritt, hört er schon im Treppenhaus den weinenden Säugling. Sein erster Gedanke ist: *Das halte ich nicht aus.* Am liebsten würde er auf der Stelle umkehren und das Haus wieder verlassen. Er hält inne, atmet tief durch, versetzt sich in die Lage des Säuglings und denkt: *Er kann ja nichts dafür. Ich fahre noch eine Runde im Kinderwagen mit ihm herum, dann schläft er bald ein.*

Der gleiche Reiz, in diesem Fall das Schreien eines Säuglings, löst ganz unterschiedliche Reaktionen aus. Die Wahrnehmung, Bewertung und gefühlsmäßige Reaktion auf einen potenziellen Stressreiz (Stressor) erfolgt normalerweise automatisch, ohne dass sich die betroffene Person dieses Vorgangs bewusst ist.
Der Vater in diesem Beispiel registriert bewusst seinen ersten Gedankenimpuls und ist dazu in der Lage, ihn wieder loszulassen. Indem er sich in den Säugling hineinversetzt, gewinnt die Situation eine andere Bedeutung für ihn. Statt zu flüchten, stellt er sich der Situation.

Umdeuten ausprobieren

- Welche Möglichkeiten, die Situation so für sich umzudeuten, dass der Stressreiz entschärft wird, sehen Sie, wenn Sie sich in Frau B. oder die alte Dame hineinversetzen?
- Welche Gedanken würden die junge Mutter entlasten?
- Welche Lösungsansätze tun sich für die betreffenden Personen auf, wenn sie eine andere Perspektive einnehmen und das Zusammenleben unter einem Dach in den Vordergrund stellen (systemische Sichtweise)?

Lösungsorientiertes Denken und Handeln

Häufig ist es einfach der enge und starre Blickwinkel des Klienten, der eine Problemlösung verhindert. Sobald er die Dinge jedoch anders sieht und entsprechend anders bewertet – kann er sich anders verhalten und das wiederum wird ihm neue Erfahrungen ermöglichen usw.
Bamberger

Was für Kurzzeittherapien gilt, deren Grundmaxime »Lösungen konstruieren, statt Probleme analysieren« lautet, lässt sich auch auf Stressbewältigung übertragen.
Auch als Nicht-Psychologin wissen Sie wahrscheinlich, dass »Problemewälzen« eher dazu beiträgt, Spannungen zu erzeugen und zu verstärken. Im Umgang mit belastenden Situationen bringt hingegen eine ausgiebige Beschäftigung mit möglichen Lösungen Erleichterung und motiviert dazu, Veränderungen in die Wege zu leiten. Selbst wenn Sie einer Dauerbelastung ausgesetzt sind, an der Sie nichts verändern können, so verfügen Sie dennoch über innere und äußere Ressourcen, die Sie aktivieren können, um die Situation erträglicher zu machen. Es kann nützlich sein, sich die vorhandenen Hilfsquellen ganz bewusst vor Augen zu führen, indem man sie aufschreibt.
In dem Beispiel des schreienden Babys stecken eine Vielzahl möglicher Lösungen und alternativer Sichtweisen, je nachdem, welche Perspektive eingenommen wird. Erstarrte Sichtweisen führen zu einer Verhärtung der Fakten und verhindern mögliche Lösungen. Die relativ harmlose Belastung, verursacht durch das Schreien eines Säuglings, kann sich auswachsen zu einer »angespannten Lage«, wenn alle Beteiligten auf ihrer Sicht der Dinge beharren.

Perspektivenwechsel

Im therapeutischen Kontext wird unter »Perspektivenwechsel« unter anderem die Fähigkeit und Bereitschaft verstanden, sich in seine Mitmenschen hineinversetzen zu können und deren Beweggründe nachzuvollziehen.

Viele stressbelastete Situationen entstehen, wenn die Beteiligten nicht bereit sind, auch einmal andere Maßstäbe anzulegen.
Dabei ist es keineswegs das Ziel, Auseinandersetzungen grundsätzlich zu vermeiden, sondern zu einem vertieften gegenseitigen Verständnis zu kommen. Dies hilft Konflikte zu entschärfen und gemeinsam Lösungen anzupeilen.
Es hat sich bewährt, gerade in stressbelasteten Situationen keine negativen Absichten zu unterstellen. Selbst wenn beim besten Willen keine gute Absicht erkennbar ist, ist es im Sinne einer »sich selbst erfüllenden Prophezeiung« (*siehe Seite 95*) sinnvoller, vorwiegend positive Beweggründe zu sehen und zu erkennen.

Systeme

Familien, Schulklassen, Arbeitsgruppen, Teams und Wohngemeinschaften sind Systeme.
In einem System hängen alle Teile voneinander ab. Lösungen werden dabei als Veränderungen eines Teils des Systems verstanden – als Veränderungen von Wahrnehmungen, Gedanken, Gefühlen, Werthaltungen, Verhaltensmustern der beteiligten Personen. Diese Veränderungen wirken sich rückkoppelnd auf das ganze System aus.

Ressourcen

Zu den äußeren Ressourcen gehören u.a. die Unterstützung und Zuwendung von Familienmitgliedern und Freunden, auch die Zugehörigkeit zu einer Gruppe oder Organisation.
Zu den inneren Ressourcen zählen u.a. Selbstvertrauen, Gelassenheit, die persönliche Ethik, eine positive Einstellung dem Leben gegenüber, Humor usw. Alle Fähigkeiten, Fertigkeiten und Talente sind Ressourcen, die eingesetzt werden können, um Problemlösungen zu finden.

Experimente

- Unterstellen Sie einen Tag lang allen Menschen, die Ihnen begegnen, nur gute Absichten. Verhalten Sie sich ganz konsequent offen und freundlich.

»Reframing« – umdeuten

Man sieht oft etwas hundertmal – tausendmal – bis man es zum erstenmal richtig sieht.
Christian Morgenstern

»Reframing« ist ein Begriff aus der systemischen Familientherapie. »Reframing« bedeutet, den Dingen einen anderen Bezugsrahmen zu geben, sie in einem anderen Licht zu sehen, ihnen eine andere Bedeutung zu geben. Symptome, die in der konservativen Betrachtungsweise als Zeichen von Krankheit und eher negativ gewertet werden, können aus systemischer Sicht auch eine positive Bedeutung haben. Sie machen innerhalb des Systems, der Familie zum Beispiel, Sinn.

Ein Beispiel: Ein krankes Kind ist vielleicht krank, weil es die Familie auf diese Art und Weise zusammenhält. Das Kind trägt an dieser Verantwortung für die Familie schwer, zu schwer. Die Familie macht sich um das Kind Sorgen, fühlt sich von der Situation vielleicht gestresst, sieht in dem kranken Kind ein Problem, das die Familie gefährdet. Der Vater glaubt sich aufgrund der Krankheit des Kindes von seiner Frau vernachlässigt. Damit begründet er seinen Seitensprung. Aus schlechtem Gewissen wegen der Krankheit des Kindes traut er sich andererseits nicht, seine Frau zu verlassen. Die Mutter fühlt sich nicht ausreichend vom Vater in ihren Leistungen für das kranke Kind respektiert. Vor einer Trennung hätte sie Angst. Der erste Schritt zur Veränderung wäre möglicherweise, nicht nur das Kind, sondern die ganze Familie in ihrem Zusammenhang zu betrachten. Der zweite Schritt für die Familie wäre, zu erkennen, dass das kranke Kind nicht die Ursache für die familiären Probleme ist, sondern dessen Lösung. Die Familie bleibt zusammen, weil das Kind krank ist. Daraus könnte die Einsicht wachsen, die Eheprobleme miteinander zu lösen. Das Kind hätte die Chance, von selbst gesund zu werden, die Eltern die Chance, sich ihrer Zuneigung zueinander wieder zu erinnern.

»Reframing« in der Stressbewältigung

»Umdeuten« ist die Kunst, in belastenden Situationen auch positive Aspekte wahrnehmen zu können. Wer in schwierigen Situationen die Chance wahrnimmt, zu lernen und zu wachsen, wer kleine Ärgernisse auch einmal durch die humorvolle Brille betrachten kann, wer in der Lage ist, die Sichtweise von jemand anderem zu übernehmen, verfügt über eine innere Flexibilität. Es werden Kräfte für die Lösung von Problemen freigesetzt.
Wenn es gelingt, Belastungen anders zu bewerten, ihnen eine andere Bedeutung zu geben, verändern sich Gefühle und Verhalten. »Stroh in Gold verwandeln« sagen die Buddhisten in Anbetracht der großen und kleinen Schwierigkeiten, die sich stets zu »Stress« auswachsen können. Umdeuten ist ein kreativer Vorgang, der Handlungsalternativen eröffnet.

Ich bin Sachbearbeiter in einer Revisionsabteilung. Neulich, als ich gerade telefonierte und an den Hörer gebunden war, kam die Sekretärin hereingestürmt und trug einen Tisch in mein Zimmer. Ich hatte das Gefühl, ich sollte mit Schnelligkeit »überfahren« werden. »Ich muss das hier mal loswerden!« Mit diesen Worten war die Sekretärin wieder raus. Als ich meinen Telefonanruf beendet hatte, merkte ich, wie die Wut in mir aufstieg. Mit mir kann man das ja machen – von mir erwartet sie keine Gegenwehr. So eine Frechheit! Sie hatte andere Zimmer von Sachbearbeitern zur Auswahl, und sie musste unbedingt zu mir kommen! Sie nimmt mich nicht ernst! Ich sagte ihr einiges davon am Telefon. Während ich noch immer geladen war, erinnerte ich mich an meine Erfahrungen im Stressseminar. Konnte ich in der Belastungssituation etwas Positives finden?
Ich kam schnell auf den Punkt. Die Sekretärin hatte mein Zimmer gewählt, weil sie bei mir am meisten Verständnis für ihre plötzliche Notsituation angenommen hatte. So könnte es auch gewesen sein. Aus dem »sie nimmt mich nicht ernst«, konnte werden »sie hat Vertrauen zu mir.« Diese neuen Gedanken beruhigten mich, meine Wut verflog.
R. Tausch

Positive Konnotation

Es beeindruckt mich, wie Sie mit der Situation, dass Ihr Chef Sie immer mehr unter Druck setzt, umgehen. Die meisten würden sich überfordert fühlen, resignieren und klein beigeben. Sie aber sehen die gemeinsame Verantwortung für die Aufgabe, machen sich viele Gedanken.
Bamberger

Ein wesentliches Kriterium bei der »lösungsorientierten Beratung« ist die Hervorhebung positiver Aspekte im Erleben und Verhalten der Klientin. Der Berater will »Mut machen«, »Ressourcen aktivieren«, er appelliert an die Kompetenzen der Klientin.
Die »Positive Konnotation«, ein sehr wirksamer therapeutischer Kunstbegriff, ist auch im ganz normalen Alltag anwendbar. Sich selber und anderen Mut zu machen, bewusst die positiven Aspekte bei sich und anderen wahrzunehmen, sich über kleine Schritte der Veränderung zu freuen, kann Wunder wirken.
Positive Tendenzen in den Blickpunkt zu rücken trägt zu einer entspannten Atmosphäre bei. Die eigenen Fähigkeiten und Bemühungen bei sich und anderen zu würdigen, ist einer Sichtweise entgegengesetzt, die darauf ausgerichtet ist, das Mangelhafte, Unzureichende in den Vordergrund zu stellen. Wer Kinder betreut, weiß, dass Lob und Bestätigung für das Lernen wichtiger sind als Tadel. Das ist bei Erwachsenen nicht anders.
Im therapeutischen Kontext haben viele Untersuchungen gezeigt, dass »positive Konnotationen« dem Klienten helfen, Lösungen zu finden, die er vorher nicht sehen konnte. Stellen Sie Ihr Licht nicht unter den Scheffel!

Im hektischen Alltag neigen viele Menschen dazu, viel zu schnell über Ereignisse hinwegzugehen, die die eigenen Fähigkeiten und Kompetenzen erfahrbar machen.

Ein Stück vorangekommen

- Sehen Sie sich selber bei allen anstehenden Problemen wie auf einer »Bergwanderung«. Wenn es auch beschwerlich ist, so sind Sie doch schon ein gutes Stück vorangekommen.

Befreien Sie sich von der Annahme, dass Sie in einer Sackgasse stecken

Setzen Sie sich am Ende eine ganz »normalverrückten« Tages in Ruhe hin und überlegen Sie einmal, was trotz alledem gut gelaufen ist. Vielleicht wollen Sie auch eine Art »Ideen oder Erfolgsmomente«-Tagebuch führen, wie eine Frau aus einem Entspannungskurs es sich angewöhnt hat? Üben Sie sich darin, im Umgang mit anderen und im Umgang mit sich selbst Fähigkeiten, Kompetenzen, Bereitschaft und Bemühen umfassend anzuerkennen und zu würdigen.
Haben Sie keine Hemmungen, Ihre positiven Eigenschaften, Kenntnisse und Fertigkeiten ins rechte Licht zu rücken und darauf zu vertrauen. Wer sich selbst akzeptiert, kann auch die Fähigkeiten anderer Menschen besser wahrnehmen und zulassen.
In allem, was Ihnen begegnet, auch das Positive sehen zu können, ist ein wirksames Mittel, angespannte Situationen zu entschärfen. Wenn Sie mit jemandem zusammenarbeiten müssen, an dem Sie beim besten Willen nichts Positives finden können, sehen Sie diesen Menschen als Herausforderung an. Sie entwickeln im Umgang mit ihm Fähigkeiten und Eigenschaften, die Ihnen zugute kommen.

Mit dem Herzen sehen

Man sieht nur mit dem Herzen gut,
das Wesentliche ist für die Augen unsichtbar.
St. Exupéry, Der kleine Prinz

Welche Sichtweise hilft weiter?

Lösungen anpeilen

Wenn wir uns durch bestimmte Zustände nachhaltig und stark aus dem Gleichgewicht bringen lassen, so vergrößert das kaum unsere Fähigkeiten, diese Zustände zu ändern. Im Gegenteil, je mehr wir uns über die unerfreulichen Seiten des Lebens aufregen, desto desorganisierter und ineffektiver werden unsere Bemühungen, die herrschenden Zustände zu ändern.

N. Ellis

Gibt es Situationen in Ihrem Leben, in denen Sie das Gefühl haben, festgefahren zu sein? Es zeichnet sich keine Lösung ab, obwohl Sie gerne etwas verändern möchten?
»Den eigenen Stress auslösenden Anteilen auf der Spur« heißt ein Seminar, in dem die Teilnehmerinnen aufgefordert wurden, ihre Probleme einmal aus einem anderen Blickwinkel heraus zu betrachten.

- Eine etwa sechzigjährige Frau besucht zweimal in der Woche ihren pflegebedürftigen Vater, der von einem sozialen Pflegedienst betreut wird. Sie ist danach vollkommen erledigt, weil sie dem alten Mann nichts recht machen kann. Ärger, Wut und Schuldgefühle versetzen sie unter große Anspannung.
- Eine circa vierzigjährige Frau leidet seit drei Jahren unter einem quälenden Ohrgeräusch. Sie hat viele Arztbesuche und Untersuchungen hinter sich und ist mit ihren Nerven am Ende. Das Ohrgeräusch ist für sie ein hochgradiger Stressor, ein Feind, den sie nicht loswerden kann.
- Die Mutter eines fünfjährigen Jungen gerät jeden Morgen unter Druck und Anspannung, weil das Kind unendlich lange braucht, bis es sich angezogen hat. Es trödelt herum, spielt zwischendurch und erscheint zu spät am Frühstückstisch. Die Mutter gerät täglich unter Zeitdruck, weil sie pünktlich bei ihrer Arbeitsstelle sein muss und ihren Sohn vorher noch in den Kindergarten bringen muss.
- Eine dreißigjährige Krankenschwester arbeitet mit einer Kollegin zusammen, die sehr langsam ist. Sie hat das Gefühl, für die »lahme Ente« mitarbeiten zu müssen und ist schon »bedient«, wenn sie beobachtet, wie die Kollegin langsamen Schrittes vor ihr herläuft, während sie im Eilschritt unterwegs ist.
- Ein ungefähr vierzigjähriger Mann arbeitet seit Jahren am Band im Schichtdienst. Es besteht keine Aussicht, den Arbeitsplatz zu wechseln. Er hat Schlafstörungen und Rückenprobleme, zu wenig Zeit für die Familie und empfindet seine gesamte Lebens- und Arbeitssituation als Stress.

Angenommen, Sie würden befragt, welche Sichtweisen in der jeweiligen Situation weiterhelfen könnten. Welche Umdeutungen fallen Ihnen ein? Welche Sichtweisen könnten dazu beitragen, Spannungen abzubauen? Können Sie sich in die Personen hineinversetzen, weil Sie vielleicht ähnliche Erfahrungen gemacht haben?

Bewegung hineinbringen

In Stresssituationen, die als festgefahren und unveränderbar erlebt werden, können folgende Interventionen Bewegung hineinbringen:

- Gibt es irgend etwas Positives an einer Stresssituation? (Positive Konnotation)
- Was würde X jetzt denken? (Perspektivenwechsel) X kann eine gute Freundin, eine verehrte Lehrerin oder eine »Lebenskünstlerin« sein.
- Die Stresssituation ist eine Herausforderung, eine Chance für mich. Was kann ich daraus lernen? (Positiv-Reframing)

»Universallösung«: Irgendetwas anders machen

Therapeutinnen empfehlen ihren Klientinnen, wenn diese eine Situation als unveränderbar und festgefahren erleben, einfach irgendetwas anders zu machen als sonst, egal was. Die Mutter zum Beispiel hat ihren Fünfjährigen eines Morgens seelenruhig im Schlafanzug in den Kindergarten gebracht, mit der folgenden Umdeutung: *Du wolltest doch immer schon einmal im Schlafanzug in den Kindergarten gehen.* Danach soll es keine Probleme mehr mit dem Anziehen gegeben haben.

Die Spitze nehmen: Ärgernisse lösen

Gast: Herr Ober, in der Suppe ist eine Fliege.
Ober: Oh, das tut mir aber leid. Normalerweise meiden Fliegen unsere Suppen!

Positive Konnotationen wirken nur, wenn sie ehrlich gemeint und von einer guten Absicht getragen sind. Sie dürfen keine bloßen Wortspiele sein. Humorvolle Äußerungen lockern auf und können Wunder wirken.

Einige Beispiele zeigen, um was es geht.
Eine Teilnehmerin aus einem Entspannungskurs:
Ich möchte am liebsten wegrennen, wenn ich so ruhig dasitze und entspannen soll.
Positiv-Reframe der Kursleiterin:
So geht es vielen Menschen, wenn sie mit dem Entspannungstraining beginnen. Setzen Sie sich am besten neben die Tür. Wenn Sie den Drang verspüren, rauszulaufen, geben Sie ihm ruhig nach.

Ich muss immer lachen, wenn ich mich entspannen soll.
Positiv-Reframe:
Lachen Sie! Es gibt nichts, was mehr entspannt als Lachen.

Das können Sie selber einmal ausprobieren!

Eine Kollegin übt Kritik an Ihrer Arbeitsweise.
Positiv-Reframe:
Du hast Dir mehr Gedanken gemacht als ich.

Ihr Kind kommt dauernd angelaufen, während Sie ungestört arbeiten wollen.
Positiv-Reframe:
Du merkst, dass ich eine Pause brauche.

Eine überlastete Verkäuferin gibt knappe Antworten auf Ihre Fragen.
Positiv-Reframe:
Ich bewundere Sie, dass Sie trotz des Ansturms hier noch klar denken können.

Jetzt sind Sie dran:

- Eine Kollegin redet pausenlos auf Sie ein, so dass Sie kaum zu Wort kommen.
  Positiv-Reframe: …

- Ihr Mann ruft Sie dauernd an, um sich zu vergewissern, dass Sie auch zu Hause sind.
  Positiv-Reframe: …

- Ihr Chef fragt Sie am laufenden Band:
  Sind Sie immer noch nicht fertig?
  Positiv-Reframe: …

- Am Telefon:
  Das dauert ja ewig, bis man hier durchkommt.
  Positiv-Reframe: …

»Sie sind die fünfzehnte Nummer, die ich anrufe – bin ich jetzt an der richtigen Stelle?«

Grübel-Stopp einführen

Nach einiger Zeit des Grübelns fühle ich mich körperlich sehr mitgenommen, Muskelverspannungen im Rücken, Kopfschmerzen, verspannter Körper.
R. Tausch, Hilfen bei Stress und Belastung

Wie belastend und ergebnislos ist sorgenvolles Grübeln! Aufgrund der körperlich-seelischen Alarmierungsvorgänge engt sich die Wahrnehmung ein, so dass vorwiegend die bedrohlichen Aspekte der Situation gesehen werden. Die Gedanken folgen sehr schnell aufeinander, drehen sich im Kreis, man »verrennt sich in etwas«, »kann nicht mehr abschalten«, »hat den Stress im Kopf«. Grübeln als eine Form des negativen Denkens trägt nicht zur Stressbewältigung bei, sondern kostet viel Energie, die für die Lösung des anstehenden Problems verloren geht. Vielleicht wissen Sie aus eigener Erfahrung, wie schwer es manchmal ist, Gedanken, die um ein Ereignis herumkreisen, welches als bedrohlich erlebt wird, zu stoppen. Wenn Sie sich im Klaren darüber sind, dass »Grübeln« nicht weiterführt, sondern negative Gefühle nach sich zieht und außerdem Energie zehrend ist, fällt es Ihnen vielleicht leichter, Ihren Gedanken eine positive Richtung zu geben. Sobald Sie bemerken, dass Sie anfangen zu grübeln, können Sie das Rad der sich im Kreis drehenden Gedanken anhalten und laut »Stopp« oder »Halt« sagen.

Nach vorne schauen

Versuchen Sie, nach vorne zu schauen und den nächsten Schritt in Richtung Lösung zu finden, um dann so schnell wie möglich danach zu handeln. Sobald Sie lösungs- und handlungsorientiert denken, können Sie sich von lähmenden Gefühlen der Hilflosigkeit befreien und Energie freisetzen. Wenn es möglich ist, machen Sie eine Atem- oder Körperübung, die Ihnen hilft, aus dem Kreisdenken auszusteigen und den Geist zu entspannen.

Zu nichts verpflichtet

Man kann sich den ganzen Tag ärgern, aber man ist nicht dazu verpflichtet.

Ideen für Lösungen aufschreiben

Um die Gedanken zu klären und Ideen für eine Lösung zu sammeln, ist manchmal auch eine schriftliche Niederlegung angebracht, die vielleicht so aussehen kann: Benennen Sie das Problem möglichst sachlich, nüchtern und neutral. Notieren Sie alles, was Ihnen unter den Stichworten »Was kann ich tun«, »Was hilft mir weiter« einfällt. Schreiben Sie alle Lösungsmöglichkeiten auf, ohne sie gleich zu bewerten. Wählen Sie aus, was Sie davon umsetzen wollen. Legen Sie die ersten Schritte der Durchführung zeitlich fest und handeln Sie so schnell wie möglich, um wieder »in Fluss zu kommen«.

Lachen

»Wer viel lachen kann, ist ein glücklicher Mensch und braucht keine Atemgymnastik«. Oder »Lachen ist die beste Medizin«, heißt es. Wer viel lacht, ist meist umgänglich und versöhnlich. Lachen wirkt entspannend, vor allem im Magen-Darm-Bereich, wo es aufgrund der damit verbundenen Zwerchfellbewegung verdauungsfördernd wirken kann. Lachen ist aber auch Entladung von aufgestauter Aggressivität, der psychischen Komponente nicht ausgelebten Stresses, und ist daher bedeutsam für die körperliche, psychische und soziale Gesundheit. Das Immunsystem wird gestärkt, Lebensenergien werden wachgerufen und Endorphine (morphiumähnliche Substanzen) im Körper gebildet, so dass sich das Wohlbefinden steigert und Schmerzen gelindert werden. Lachen ist daher ein Stress- und Lebensbewältigungsmechanismus. »Das Stress-Lexikon«, 1998

Sich über die Ziele im Klaren sein

- Nehmen Sie an, es geschieht ein Wunder. Ihr Problem ist mit einem Schlag beseitigt. Malen Sie sich die veränderte Situation in allen Einzelheiten aus. Woran bemerken Sie und andere eine positive Veränderung? Die Frage nach dem Wunder, das Ihre Probleme löst, lässt Ihr Ziel als lebendige Fantasie in den Vordergrund treten. Mögliche Schritte tun sich auf.

Ü Langsamkeit trainieren

Gehören Sie zu den Menschen, die nie Zeit haben? Laufen Sie hektisch durchs Leben? Eine Form des Umdeutens ist, sich selbst beim Wort zu nehmen. Wenn Sie nie Zeit haben und dem Leben hinterherlaufen, dann setzen Sie Ihre Energie doch einmal in Bewegung um und finden das Tempo heraus, das Ihnen entspricht. Sie brauchen für diese Art des »Zeitmanagements« lediglich einen Raum im Haus oder besser noch im Freien, in dem Sie Platz zum Gehen haben.

1 Ihrer Hast Ausdruck geben

› Gehen Sie durch den Raum, über den Platz, den Weg entlang, den Sie sich ausgesucht haben. Gehen Sie in dem Tempo, das Ihnen augenblicklich entspricht. Nehmen Sie wahr, wie Sie die Füße aufsetzen und abrollen. Nehmen Sie wahr, wie sich Ihre Beine, Ihr Becken, Ihr Rücken, Ihre Schultern, Ihr Nacken, Ihre Arme und Hände, Ihr Kopf anfühlen. Sie brauchen nichts zu verändern, nehmen Sie einfach nur wahr. Beobachten Sie das Kommen und Gehen Ihres Atems.
Überprüfen Sie noch einmal, ob die Zügigkeit, in der Sie gehen, Ihrer augenblicklichen Stimmungslage entspricht. Sie können so lange an der Geschwindigkeit herum experimentieren, bis Sie sich ganz sicher sind, die richtige Schnelligkeit gefunden zu haben.

Das Tempo drosseln, die Zeit verlängern

2 Beschleunigung

Wenn Sie Ihre Geschwindigkeit nun steigern, achten Sie darauf, sich nirgends zu verletzen. Ihr Auftrag lautet, so schnell zu gehen, wie es Ihnen möglich ist, ohne vom Gehen in das Laufen zu wechseln.
Steigern Sie Ihr Tempo ganz allmählich, bis Sie an dem Endpunkt angekommen sind. Ohne die Geschwindigkeit zu verlangsamen, nehmen Sie wahr, wie sich Ihre Beine, Ihr Becken, Ihr Rücken, Ihre Schultern, Ihr Nacken, Ihre Arme und Hände, Ihr Kopf anfühlen. Sie brauchen nichts zu verändern, nehmen Sie einfach nur wahr. Beobachten Sie das Kommen und Gehen Ihres Atems. Bleiben Sie so lange bei dieser Geschwindigkeit, bis das Bedürfnis, die Geschwindigkeit zu verändern, für Sie unaufschiebbar geworden ist.

Das Tempo steigern, die Zeit verkürzen

3 Entschleunigung

Jetzt ist Ihr Auftrag, die Geschwindigkeit so weit zu verlangsamen, wie es möglich ist, ohne stehen zu bleiben. Verlangsamen Sie Ihr Tempo ganz allmählich. Werden Sie immer langsamer. Erinnern Sie Ihre Bewegungen schon an Zeitlupe? Dann werden Sie noch ein wenig langsamer. Ganz behutsam und unendlich langsam setzen Sie Ihre Ferse auf. Ganz langsam rollen Sie den Fuß über die Fußsohle. Sehr langsam stoßen Sie sich mit dem Fußballen des anderen Fußes wieder ab und heben ganz langsam Ihr Bein. Senken Sie es ganz langsam wieder ab. Unendlich langsam setzen Sie die Ferse wieder auf... Ohne die Geschwindigkeit zu verlangsamen, nehmen Sie wahr, wie sich Ihre Beine, Ihr Becken, Ihr Rücken, Ihre Schultern, Ihr Nacken, Ihre Arme und Hände, Ihr Kopf anfühlen. Sie brauchen nichts zu verändern, nehmen Sie einfach nur wahr. Beobachten Sie das Kommen und Gehen Ihres Atems. Bleiben Sie so lange bei dieser Geschwindigkeit, bis das Bedürfnis, die Geschwindigkeit zu verändern, für Sie unaufschiebbar geworden ist.

4 Ihren Rhythmus finden

Werden Sie jetzt allmählich wieder etwas schneller, bis Sie das Tempo gefunden haben, dass Ihrer jetzigen Stimmungslage entspricht. Experimentieren Sie so lange mit der Geschwindigkeit, bis Sie sich ganz sicher sind, den Rhythmus des Gehens gefunden zu haben, der Ihrer persönlichen augenblicklichen Schnelligkeit entspricht.

Nehmen Sie wahr, wie Sie die Füße aufsetzen und abrollen. Nehmen Sie wahr, wie sich Ihre Beine, Ihr Becken, Ihr Rücken, Ihre Schultern, Ihr Nacken, Ihre Arme und Hände, Ihr Kopf anfühlen. Sie brauchen nichts zu verändern, nehmen Sie einfach nur wahr. Beobachten Sie das Kommen und Gehen Ihres Atems. Was hat sich gegenüber dem Beginn der Übung verändert? ❮

Subjektive Zeiten

Wussten Sie, dass sich Ihr Zeitempfinden verändert, je nachdem, wie Sie eine Zeitspanne empfinden? Wenn Sie etwas sehr, sehr Langweiliges tun, dann scheint sich die Zeit unendlich hinzuziehen. Im Rückblick erscheint Ihnen diese Zeitspanne aber als kurz. Es hat sich nichts ereignet, was für Ihre Erinnerung von Bedeutung wäre. Deshalb zieht Ihre Erinnerung den Zeitraum zu einem kurzen Augenblick zusammen. Wenn Sie mit etwas Aufregendem, etwas Interessantem, beschäftigt sind, dann scheint die Zeit wie im Fluge zu vergehen. Im Rückblick erscheint Ihnen diese Zeitspanne als lang. So viele Dinge haben sich ereignet, dass Ihre Erinnerung daraus eine längere Zeitspanne werden lässt.

Objektive Zeiten

Wussten Sie, dass sehr genau gehende Uhren, Atomuhren, den Unterschied der Zeit abhängig von der Schwerkraft der Erde beweisen können? Die aber verändert sich mit dem Höhenunterschied. Stellen Sie sich eineiige Zwillinge vor, die sofort nach der Geburt getrennt werden. Ein Zwillingskind lebt direkt an der holländischen Küste hinter dem Deich, kurz unter dem Meeresspiegel. Das zweite Zwillingskind lebt auf der Versorgungshütte am Gipfel des Mount Everest. Wenn sich beide Zwillinge nach achtzig getrennt lebenden Jahren wieder in die Arme schließen, sind beide unterschiedlich alt. Nur leider ist der Unterschied immer noch so klein, dass er von beiden nicht bemerkt werden kann.

Ungleiche Zeiten

Es sind nicht alle Zeiten gleich. Wir kennen die Schnelligkeit, die Langsamkeit, die Aktivität, das Ruhen, die Veränderung, die Stabilität. Die Dinge, die Prozesse, die Systeme haben je ihre eignen Zeiten. Eine Barocktreppe hat – oder besser: provoziert – eine andere Zeit als eine Rolltreppe. Wir reden, wenn wir schnell gehen, miteinander anders und über etwas anderes, als wenn wir schlendern.

Karlheinz A. Geißler

Möglichkeiten der Meditation:

Innere Stille *erfahren*

Die Seele in der Welt der Sinne sich bewegend, findet Ruhe in der Stille.

Bagavad Ghita

Ü Die Wellen beruhigen

Meditation – Das Nicht-Entstehen der Wellen im Bewusstseins-See Yoga-Sutra I.1

Gibt es eine Zeit ungestörter Ruhe in Ihrem Tagesablauf, in der Sie sicher sein können, dass kein Telefon klingelt und niemand Sie anspricht?
Günstig für meditative Übungen sind der frühe Morgen oder die Zeit vor dem Zubettgehen. Dann hat sich die hektische Betriebsamkeit im Allgemeinen gelegt. Um erste Erfahrungen mit Meditation zu machen, reichen schon täglich fünf Minuten aus. Nach und nach entsteht vielleicht das Bedürfnis bei Ihnen, diese Phase zu verlängern. Suchen Sie einen Ort in Ihrer Wohnung auf, an dem Sie sich wohl fühlen, den Sie vielleicht für sich gestalten möchten, mit einer Blume, einem Bild, das Sie anspricht, und angenehmem Licht. Auch Ihr Lieblingsduft kann viel zu einer guten Atmosphäre beitragen. Sorgen Sie dafür, dass es warm genug ist, damit Sie beim ruhigen Sitzen nicht frieren.

1 Platz nehmen

› Setzten Sie sich am besten in den Schneidersitz. Eine zusammengefaltete Decke unter dem Gesäß erleichtert das Sitzen.
Bringen Sie Daumen und Zeigefingerkuppe zusammen, um die Konzentration zu stärken. Diese Fingerstellung heißt: Inana-Mudra.
Mit dem Schließen der Augen ziehen Sie Ihre Aufmerksamkeit von der Außenwelt zurück und wenden sich nach innen. Lassen Sie jetzt alles, was Sie beschäftigt, ein wenig hinter sich.

2 Konzentration

Richten Sie Ihre Aufmerksamkeit auf Ihre Atmung. Stellen Sie sich vor, wie der Atem die Wirbelsäule entlangfließt: beim Einatmen vom Steißbein bis zum Scheitel, beim Ausatmen denselben Weg wieder zurück.
Mit jeder Einatmung richten Sie sich ein wenig mehr auf – Wirbel für Wirbel – und bei jeder Ausatmung lassen Sie ein wenig Spannung los.

3 Imagination

Stellen Sie sich nun einen idyllisch gelegenen kleinen See vor. Die Wasseroberfläche ist bewegt von Wellen, die sich kräuseln. Lassen Sie in Ihrer Vorstellung den See ruhig werden – bis die Wasseroberfläche spiegelglatt ist. Stille breitet sich aus. Geben Sie Ihr Raum in Ihrem Inneren. Ersetzen Sie Ihre Gedanken durch das Bild des Sees. ‹

Die Natur bietet vieles, das zur Meditation geeignet ist

Gedankenwellen

Jeder Gedanke ist wie ein Windstoß, der Wellen entstehen lässt.

Fingerstellung

Inana-Mudra ist eine der am meisten praktizierten Fingerstellungen während der Meditation. Das kann Sie zum Ausprobieren ermutigen.

Was ist Meditation?

Ein Kind kann minutenlang vor einer Wasserpfütze stehen und das reflektierende Licht betrachten. Eine Frau versinkt in den Anblick eines Sonnenunterganges. Ein Mann verliert sich in den Augen seiner Geliebten. »Spontane Meditation« werden solche Erlebnisse auch genannt. Die Zeit scheint stillzustehen in den Augenblicken der Versunkenheit, die Sie sicher auch schon einmal erfahren haben. Der Strom der Alltagsgedanken ist unterbrochen. Dies ist der Schlüssel für meditative Momente.

Zu allen Zeiten haben Menschen innere Stille, den Frieden der Seele gesucht. Es gab und gibt viele unterschiedliche Meditationswege und Techniken: Christen beten, Sufis tanzen, Zenbuddhisten rätseln über ein Koan, Yogis streben die Verbindung mit dem universellen Selbst an. In fast allen Traditionen ist die Konzentration auf die Atmung von Bedeutung. All diese Wege haben das Ziel, zu innerer Stille zu gelangen und eine Erfahrung jenseits von Zeit und Raum zu machen.

Im Yoga wird Meditation nach den Körperübungen und der Atemkontrolle als letzte Stufe eines achtgliedrigen Übungspfades beschriben, der im Erleben der Einheit gipfelt.

Für Gläubige kann Meditation auch religiöse Übung sein

Für diese Erfahrung, die von Yogis und Weisen gern in Form von Bildern und Gleichnissen beschrieben wird, taucht in den alten Schriften immer wieder das Bild eines kristallklaren, ruhigen Sees auf, dessen Wasseroberfläche spiegelglatt ist. Der Mensch, dessen Geist völlig ruhig geworden ist, erkennt auf dem Grund des Gewässers einen Diamanten. Dieser kostbare Stein ist Symbol für das unveränderbare, wahre Selbst. Erst wenn die Wasseroberfläche völlig ruhig ist, wird der Blick auf den Diamanten frei. Obwohl auch im Alltag meditative Erfahrungen gemacht werden können, geht es in den alten Weisheitslehren immer um Übungswege, die Disziplin, Geduld und Hingabe erfordern.

Es gibt sehr unterschiedliche Zugänge zum meditativen Erlebnis. Jeder Mensch kann meditieren lernen und dabei Ruhe und innere Kraft stärken. Sich dabei von seinem Herzen leiten zu lassen, ist sicher nicht verkehrt.

Meditation ist wie Stretching für den Geist, schreibt die Amerikanerin Anne Kent Rush und ermutigt dazu, zu experimentieren. Erforschen doch auch Sie einmal die Pausen zwischen den Gedanken! Sie sind eingeladen, in diesem Freiraum zu verweilen, um einen Zustand voller Wachheit, Frieden und Gelassenheit zu erleben.

Versunken wie ein Kind im Spiel

Ü Wie ein Berg sitzen

Von den verschiedenen Sitzhaltungen, die für das Meditieren in Frage kommen, ist es wichtig, diejenigen herauszufinden, bei denen Sie sich wohl fühlen. Probieren Sie sie einmal aus

Die klassische Sitzhaltung für die Meditation ist der »Lotossitz«. Für westliche Menschen ist er meistens zu schwierig. Jedoch ist der Schneidersitz eine gute Alternative. Wenn Sie gar nicht auf dem Boden sitzen wollen, setzen Sie sich auf einen einfachen Stuhl oder Hocker. Lehnen Sie sich nicht an, die Füße haben festen Kontakt zum Boden.
Was das Sitzen in der Meditation vom normalen Sitzen unterscheidet, ist die innere Einstellung der Achtsamkeit. Für welche Haltung Sie sich auch immer entscheiden, das Sitzen auf dem Boden in aufrechter Haltung lässt das beruhigende Gefühl entstehen, stabil und »geerdet« zu sein. Es ist die beste Basis für den freien Atemfluss und erleichtert die Konzentrationsfindung.

1 Wirbelsäule aufrichten

› Um die Wirbelsäule aufzurichten und die richtige Sitzposition zu finden, können Sie vor dem Meditieren eine Körperübung machen. Nehmen Sie Ihre Atmung zu Hilfe. Bei der Einatmung stellt sich in Ihrer Vorstellung ein Wirbel auf den nächsten, so als wollten Sie einen geraden Turm bauen – bei jeder Ausatmung entspannen Sie sich, ohne dabei wieder zusammenzusinken. Richten Sie sich auf diese Weise Wirbel für Wirbel auf, vom Steißbein bis zum oberen Halswirbel. Pendeln Sie leicht nach vorn und nach hinten, nach rechts und nach links. Umkreisen Sie mit kleinen Bewegungen Ihren Körperpunkt und kommen Sie allmählich zur Ruhe. Fühlen Sie sich im Gleichgewicht?

2 Spannungen auflösen

Sitzen Sie bitte nicht so da, als ob Sie einen Besenstil verschluckt hätten, das erzeugt Anspannung. Spüren Sie nach, ob Sie noch Spannungen im Körper fühlen können. Heben Sie die Schultern ein wenig an – und lassen Sie sie fallen. Liegen Arme und Hände entspannt auf den Beinen? Halten die Beine keine unnötige Spannung fest? Entspannen Sie Ihr Gesicht.

3 Sich fühlen wie ein Berg

Manche Meditationslehrer empfehlen, sich beim aufrechten Sitzen wie ein Berg zu fühlen. Der Berg ist Symbol für ruhiges Verweilen in der Gegenwart, für Unerschütterlichkeit, Stille und Präsenz. Wenn Sie wie ein Berg sitzen, verkörpern Sie Würde und Stabilität. Diese äußere Haltung wirkt auch nach innen.

Einfacher Sitz

4 Schneidersitz

Falten Sie eine Decke zweimal zusammen und setzen Sie sich darauf. Überkreuzen Sie die Beine und ziehen Sie die Fersen an den Körper heran. Sie werden feststellen, dass Sie mit Hilfe einer Unterlage mit den Knien näher an den Boden kommen und das Sitzen bequemer ist. Es ist nicht notwendig, den Lotossitz, die klassische Sitzhaltung in der Meditation, zu beherrschen. Auch im Schneidersitz ist es möglich, mit aufgerichteter Wirbelsäule fest und stabil zu sitzen.

5 Einfacher Sitz

Probieren Sie auch aus, wie es sich anfühlt, wenn Sie die Füße hintereinander am Boden ablegen. Ziehen Sie die Ferse des rechten oder linken angewinkelten Beines möglichst nahe an den Körper und legen Sie das andere Bein

Fersensitz mit Hilfsmitteln

davor. In dieser Haltung können Sie ein Meditationskissen oder eine Decke unter das Gesäß legen. Die veränderte Beckenstellung erleichtert die Aufrichtung der Wirbelsäule.

6 Fersensitz

Knien Sie sich auf eine zusammengefaltete Decke und lassen Sie sich auf die Fersen hinunter. Mit den Beckenknochen berühren Sie die Fersen. Heben Sie den Brustkorb an und ziehen Sie das Kinn ein wenig zur Brust, damit der Nacken leicht gedehnt ist. Die Schultern fallen entspannt nach unten.

7 Fersensitz mit Meditationsbänkchen

Um Beine und Füße vom Körpergewicht zu entlasten, können Sie auch ein Meditationsbänkchen verwenden. Für manche Menschen ist es ein Aha-Erlebnis darauf zu sitzen, weil die Aufrichtung der Wirbelsäule ganz von alleine passiert. Legen Sie die Hände locker auf die Oberschenkel und spüren Sie, wie frei Ihr Atem in dieser Haltung fließt.

8 Halber Lotossitz

Der rechte Fuß liegt am linken Oberschenkelansatz. Der linke Fuß wird auf die Oberseite des rechten Oberschenkels platziert. Unter dem Gesäß liegt eine zusammengerollte Decke oder ein Kissen. Die Knie sollten den Boden berühren. ❮

Unerschütterlich

Beim Einatmen fühle ich mich wie ein Berg – beim Ausatmen unerschütterlich.

Thich Nath Hanh

Morgenmeditation

▶ Achten Sie einmal darauf, wie es Ihren ganzen Tagesablauf verändert, wenn Sie sich vor der Arbeit etwas Zeit für eine Morgenmeditation nehmen. Im Laufe des Tages können Sie sich immer wieder an den dabei empfundenen Frieden erinnern.

Halber Lotossitz

Was bewirkt Meditation?

Konzentration

In Indien, dem Mutterland der Meditation, gibt man den Elefanten bei festlichen Paraden ein Stöckchen, damit der ausladend hin- und herschwingende Rüssel eine Beschäftigung hat und keinen Schaden anrichtet.

Den Sinnen eine kleine Erholung gönnen

Ebenso braucht der zerstreute Geist manchmal einen Anhaltspunkt, um sich ausrichten und beruhigen zu können. Da die umherschweifenden Gedanken nicht willentlich zur Ruhe gebracht werden können, bedarf es eines Hilfsmittels. Das »Stöckchen« ist in diesem Fall ein Konzentrationsobjekt. Dies kann der Atem, der eigene Körper, ein Wort, ein inneres Bild oder ein Gegenstand oder noch etwas anderes sein. Ebenso wie die Sonnenstrahlen durch ein Brennglas gebündelt werden, können auch die Gedanken und die Vorstellungskraft auf einen Punkt, auf ein Objekt hin ausgerichtet werden. Im Yoga sagt man dazu »einspitzige Konzentration«. Auf diese Weise ist es möglich, die Konzentrationsfähigkeit weit über das im Alltag übliche Maß hinaus zu schärfen.

In meditativen Übungen entfaltet sich Konzentration als eine Art schwebende Aufmerksamkeit, die nicht willentlich erzeugt wird. Wenn Sie sich zum Beispiel auf die Flamme einer Kerze konzentrieren, werden Sie feststellen, dass Ihre Gedanken immer wieder in die Vergangenheit und in die Zukunft abschweifen. Geduldig holen Sie Ihre Aufmerksamkeit stets aufs Neue zum Gegenstand Ihrer Konzentration zurück. Mit zunehmender Übung werden Sie sich nicht mehr so leicht ablenken lassen. Die Konzentrationsphasen verlängern sich. Der Übergang zum meditativen Zustand ist fließend.

Konzentrations- und Meditationspraxis beeinflussen auch das Handeln im Alltag. Menschen, die regelmäßig meditieren, berichten, dass es ihnen leichter fällt, Ziele zu verfolgen und klare Entscheidungen zu treffen.
Das Potenzial an Achtsamkeit im Alltag, die Fähigkeit, »tiefer zu schauen«, Dinge einmal ganz anders als gewohnt wahrzunehmen, wächst mit zunehmender Konzentrationsfähigkeit.

Rückzug der Sinne

Sie kennen diese Situation: Sie wollen sich eine kleine Pause gönnen, aber es will keine Ruhe einkehren. Das Telefon klingelt, Baulärm dringt an Ihr Ohr, Ihr Sohn hat das Radio auf volle Lautstärke gestellt und über Ihnen saugt jemand Staub.

Während die Augen geschlossen werden können, sind die Ohren häufig einer ständigen Geräuschkulisse ausgesetzt. Doch nicht nur akustische Reize müssen verkraftet werden.

Das Gehirn ist ständig damit beschäftigt, Anregungen, Wünsche, Erinnerungen, Gefühle, die über die Sinnesorgane vermittelt werden, aufzunehmen und zu verarbeiten. Durch Bilder, die Sie im Fernsehen sehen, Gerüche, die durch Ihre Nase streichen und das Lied, das Sie im Radio hören, werden Erinnerungen und Gefühle geweckt.
Alles, was Sie sehen, schmecken, hören und berühren, kann Zuneigung oder Ablehnung erzeugen und immer wieder neue Wünsche hervorrufen.
Sicher wissen Sie, wie Werbung funktioniert, und auch, dass diese Vorgänge meistens unbewusst ablaufen. Vielleicht haben Sie auch schon einmal erlebt, dass Sie sich nach einem

Einkaufsbummel in der Stadt wie erschlagen gefühlt haben von den vielen verschiedenen Sinneseindrücken.
Sie können der allgegenwärtigen Reizüberflutung etwas entgegensetzen, indem Sie in Ihrem Zuhause so gut es geht für Stille sorgen und sich ab und zu bewusst nur auf eine Geräuschquelle konzentrieren. Versuchen Sie einmal, nicht nebenbei das Radio laufen zu lassen und gleichzeitig zu telefonieren, sondern entscheiden Sie sich für eines von beiden.

Um Ihrem Geist eine Erholungspause zu verschaffen und die Sinne ruhen zu lassen, ist es möglich, sich täglich bewusst für einen Rückzug der Sinne von der Außenwelt zu entscheiden. Auch dies ist im Rahmen von meditativen Übungen möglich.
Der Rückzug der Sinne wird im Yoga durch das Bild der Schildkröte symbolisiert. Ebenso wie dieses Tier sich in einen schützenden Panzer zurückzieht, können Sie Ihre Sinne von der reizintensiven Außenwelt zurückziehen und sich mit dem Schließen der Augen nach innen wenden.
Manchmal reicht es schon aus, die Augen zwischendurch zu schließen und die Hände auf die geschlossenen Augenlider zu legen und bewusst ein- und auszuatmen, um wieder einen freieren Blick zu bekommen. Auch kann es sehr erholsam sein, sich nur auf eine Sinneswahrnehmung zu konzentrieren, die man als wohltuend erlebt.
Wie wäre es, wenn Sie einmal ausprobieren würden, nur Ihren Geruchssinn einzusetzen, während Sie sich mit geschlossenen Augen ganz auf einen angenehmen Duft einstellen?

Die Entspannungsreaktion

Herbert Benson, Professor für Verhaltensmedizin an der Harvard-Medical-School, gilt als Entdecker der »Relaxation Response« – der Entspannungsreaktion.

Während die Stressreaktion als physiologischer Vorgang automatisch abläuft, muss die Entspannungsreaktion als wirksames Gegenprogramm gelernt werden. Auch die Entspannungsreaktion gehört wie die Stressreaktion zum biologischen Erbe des Menschen.

In den 60er-Jahren untersuchte Benson Studenten, die regelmäßig meditierten und stieß dabei auf dramatische körperliche Veränderungen vor und nach der Meditation. Durch eine einfache Meditationstechnik, nämlich die ständige Wiederholung eines Wortes in einem monotonen Rhythmus, konnten diese Studenten ihren Blutdruck senken, ihren Herzschlag vermindern und ihre Gehirnwellen verlangsamen. Diese körperlichen Veränderungen gingen einher mit Gefühlen von innerem Frieden, Gelassenheit und Ruhe.

Wie die Schildkröte, so auch der Igel: geschützt in das Innere zurückgezogen

Wir können nicht verhindern, dass Gedanken wie Vögel unser Haupt umschwirren, aber wir können verhindern, dass Sie Nester darin bauen — *Chinesisches Sprichwort*

Während in den östlichen Traditionen die Entspannungsreaktion das Tor zu den eigentlichen spirituellen Erfahrungen ist, wird Meditation im Westen von vielen Menschen praktiziert, um Abstand vom Alltag zu gewinnen und dem Geist eine Erholungspause zu verschaffen. Die Psychologen Schwäbisch-Siems sprechen der regelmäßigen Meditationspraxis eine therapeutische Wirkung zu, die die Psyche von alten Stresserfahrungen befreit. Regelmäßiges Meditieren spricht tiefere seelische Schichten an und trägt zur Gesamtentwicklung der Persönlichkeit bei.

Herbert Benson hat in Untersuchungen festgestellt, dass der systematische Einsatz der Entspannungsreaktion bei jeder Krankheit helfen kann, die durch Stress mitverursacht wurde. Vor allem Persönlichkeitseigenschaften wie verfestigte Wut und Feindseligkeit, die als Risikofaktoren bei Bluthochdruck und Herz-Kreislauf-Erkrankungen gelten, lassen sich mit Meditation abbauen. Benson schreibt, dass regelmäßiges Meditieren auf Dauer zu ruhigeren Gehirnwellenmustern führt, so dass Sprunghaftigkeit und hohe innere Mobilität zugunsten von mehr Ausgeglichenheit zurückgehen.

Gedankenberuhigung

Jeder, der mit Konzentrations- und Meditationsübungen beginnt, nimmt den ununterbrochenen Gedankenstrom wahr. Erst auf der Suche nach Stille wird deutlich, dass unaufhörliches Denken die Ruhe verhindert. Die Gedanken scheinen ein Eigenleben zu führen.

Mit zunehmender Übung gelingt es, eine größere Aufmerksamkeit zu entwickeln. Das ständige Entstehen und Vergehen von Gefühlen und Gedanken wird bewusst. Die Fähigkeit, diese vorbeiziehen zu lassen, ohne sie zu verändern oder verdrängen zu wollen, wächst. Auf diese Weise kehrt innere Ruhe ein.

Kräfte bündeln

In Belastungssituationen ist es besonders wichtig, die Kräfte zu bündeln und sich auf das Wesentliche zu konzentrieren. Wenn Stress sich anbahnt, versuchen Sie doch einmal, die Sekunde der Freiheit zwischen Reiz und Reaktion zu nutzen. Halten Sie einen Moment inne – bevor Sie wie gewohnt reagieren. Verhalten Sie sich einmal ganz anders.

Entspannung mit Hilfe der Atmung

Lösen Sie die Entspannungsreaktion mit Hilfe der Atmung aus: Konzentrieren Sie sich auf die Atmung. Atmen Sie durch die Nase ein und durch die Nase aus und wiederholen Sie innerlich in der Atempause »einundzwanzig, zweiundzwanzig« und wieder ausatmen und »einundzwanzig, zweiundzwanzig« denken. Machen Sie dies etwa fünf Minuten lang. Die Ausatmung verlängert sich unmerklich, irgendwann spüren Sie deutlich den Entspannungseffekt.

Ü Auf eine Kerzenflamme den Blick richten

Das »Kerzen-Trataka«, die Blickfestigung mit Hilfe einer Kerze – eine Konzentrationsübung aus dem Yoga – festigt den Blick. Es stärkt die Sehkraft der Augen, aber auch die Konzentrationsfähigkeit.

Wenn Sie im Gespräch mit ruhigem Blick den Augen Ihres Gegenübers begegnen, ist es viel leichter, Ihren Worten Überzeugungskraft zu verleihen. Ein Mensch, der gerade in einem Gespräch ist, bei dem es um wichtige Inhalte geht, kann leicht den Faden verlieren, wenn seine Augen umherwandern. Alles, was in den Bereich der Wahrnehmung gelangt, löst gedankliche Verbindung aus.

»Trataka« stärkt die Konzentrationskraft nach innen und die Übertragung von Willenskraft nach außen.

Nehmen Sie die von Ihnen bevorzugte Meditationshaltung ein. Vor Ihnen steht eine brennende Kerze etwa eine Armlänge von Ihnen entfernt, auf Augenhöhe.

Der Raum ist abgedunkelt, so dass die Kerzenflamme gut sichtbar ist. Stimmen Sie sich mit der Konzentration auf die Atmung ein. Atmen Sie ein paar Mal durch die Nase so langsam wie möglich ein und aus.

Beginnen Sie nun die Kerzenflamme mit Ihren Augen zu fixieren. Schauen Sie unentwegt in die Flamme, ohne sich jedoch dabei anzustrengen. Stellen Sie sich vor, Sie schauen mit Ihren Augen in die Weite. Mit weitem Blick nehmen Sie die Kerzenflamme wahr, als ob Sie über das weite Meer schauen, ganz gelöst. Der Blick ist ganz ruhig und entspannt, er darf ein wenig »schwimmen«. Sie sehen die Kerzenflamme und das Farbspektrum um sich herum. Ihre Augen erholen sich beim Anblick der Flamme.

Wenn Sie einen leichten Augendruck verspüren, schließen Sie die Augen. Vor dunklem Hintergrund sehen Sie nun das Abbild der Flamme, ganz klein und leuchtend. Von der Netzhaut Ihres Auges wird die Flamme reflektiert. Wenn dieses innere Abbild wieder verschwindet, öffnen Sie die Augen und fixieren erneut die wirkliche Kerzenflamme.

Bei dieser Übung ist es sinnvoll, zwei bis drei Durchgänge hintereinander zu machen. Ruhen Sie sich danach in der Rückenlage aus und spüren Sie der beruhigenden Wirkung der Übung nach.

Den Blick festigen

Besinnliche Adventszeit

Sicher haben Sie irgendwann schon einmal die beruhigende Wirkung von Kerzenlicht erfahren. Einfach in das Licht einer Flamme zu schauen entspannt den Blick und stimmt ruhig. Eine Kerzenflamme zieht den Blick an. Die Adventszeit bietet viele Gelegenheiten, »Trataka« auszuprobieren. Setzen Sie dem »Weihnachtsstress« etwas entgegen, indem Sie sich bei Kerzenlicht besinnen.

»Trataka« im Alltag

Sie können auch eine Blume, eine Muschel oder einen Stein fixieren und so zum Brennpunkt Ihrer Aufmerksamkeit machen. Schauen Sie einmal abends den Mond oder einen leuchtenden Stern unentwegt an. Nehmen Sie auch hier vorher Kontakt zu Ihrem Atem auf, und atmen Sie ein paarmal ruhig und tief ein und aus. Ihr Konzentrationsgegenstand sollte sich nicht bewegen, damit das »Fokussieren« die gewünschte Wirkung zeigt.

Ü Sich auf ein Mantra konzentrieren

Wenn es Ihnen schwer fällt, Ihre Gedanken nach einem hektischen Tag zur Ruhe zu bringen, können Sie einmal versuchen, Ihre Aufmerksamkeit auf ein Mantra zu lenken.

»Om« ist das kürzeste und bekannteste Mantra, das die Seele des Universums oder die kosmische Energie symbolisiert. Mantren werden innerlich in einem selbst gewählten Rhythmus wiederholt. Sie können Ihr Mantra laut gesprochen, gesungen im Flüsterton oder innerlich wiederholen. Ein bekanntes und beliebtes Mantra ist »om-shânti«, was so viel bedeutet wie »Frieden, Stille«.

Meditation mit »om-shânti«

› Nehmen Sie eine Sitzhaltung ein, in der Sie sich wohl fühlen. Bringen Sie Daumen und Zeigefingerkuppe der rechten und linken Hand zusammen, um die Konzentration zu stärken. Schließen Sie Ihre Augen und richten Sie Ihre Aufmerksamkeit zunächst auf Ihre Atmung. Lassen Sie den Atem geschehen. Ganz von allein strömt der Atem ein und aus. Spüren Sie, wie er an der Innenwand der Nase entlang streicht.
Beginnen Sie Ihre Meditation, indem Sie das Mantra »om-shânti« laut vor sich hin sprechen oder summen, in einem selbst gewählten Rhythmus. Gehen Sie danach dazu über, »om-shânti« innerlich zu wiederholen. Sie können beim Einatmen »om« denken und beim Ausatmen »shânti«. Bringen Sie das Mantra mit Ihrem Atem in Einklang. Manchmal genügen schon fünf Minuten, um die Gedanken mit Hilfe eines Mantras zur Ruhe zu bringen. Geben Sie Ihrem Geist irgendwann die Freiheit – lassen Sie das Mantra los und spüren Sie in die sich ausbreitende Stille.

Ein anderes Wort benutzen

Sie können auch ein anderes Wort oder eine andere Silbe aus Ihrem eigenen Sprachgebrauch wählen, um die Gedanken zu beruhigen. Zum Beispiel ist es auch möglich, Worte wie Ruhe, Stille, Freude, Liebe oder Vertrauen innerlich im eigenen Rhythmus zu wiederholen und sich gefühlsmäßig auf die jeweiligen Inhalte einzustimmen.

Ein Mantra im Alltag einsetzen

Wenn Sie sich innerlich von einem Problem lösen wollen, können Sie auch im Alltag für eine gewisse Zeit Ihr Mantra wiederholen. Sollten Sie zu den Menschen gehören, die unter einem quälenden Ohrgeräusch (Tinnitus) leiden, ersetzen Sie dieses ab und zu durch den Klang des Mantras. Wenn Ihre Gedanken sich im Kreis drehen und Sie nicht mehr wissen, wo Ihnen der Kopf steht, kann das Mantra helfen, wieder eine Linie zu finden, auf der es vorangeht. Auch wenn Sie sich innerlich aufgewühlt fühlen und Ärger von Ihnen Besitz ergriffen hat, kann die Wiederholung eines Mantras Erleichterung bringen. ‹

»Om«
Das »o« entsteht tief im Körper und wird langsam nach oben gezogen, um mit dem »m« zusammenzufließen. Die Resonanz von »Om« erfasst den ganzen Körper. Zehnminütiges Summen von »Om« führt zu einem wohltuenden Entspannungsgefühl.

Sich mit den eigenen Händen beruhigen

- Wenn Sie sich sehr gestresst fühlen, weil viele Reize gleichzeitig auf Sie einstürmen, legen Sie eine Hand auf die Stirn und die andere auf den Bauch. Atmen Sie tief in den Bauch ein und aus und spüren Sie einfach nur Ihre Hände. Durch den Berührungsreiz wird ein entspannender Reflex ausgelöst. Sie können sich auf diese Weise mit Ihren eigenen Händen beruhigen.

Alternativen zum Mantra

- Sich in die Betrachtung eines Bildes versenken.
- Den langsam leiser werdenden Klängen eines Gongs oder einer Glocke lauschen.
- Dem eigenen Atem nachfühlen.
- Einen Ton summen.

Ü Die Sinne schärfen – die Sinne zurückziehen

Sich der einzelnen Sinnesempfindungen bewusster zu werden, trägt dazu bei, sich von der Vielfalt der Reize nicht mehr überwältigen zu lassen.

1 Duftübung in drei Stufen

› Ein schöner Duft wirkt wie angenehme Musik oder wie eine liebevolle Berührung. Wählen Sie ein Duftöl aus, das Sie gerne mögen. Reiben Sie im Stehen etwas Öl zwischen die Augenbrauen. Schließen Sie Ihre Augen und nehmen Sie bewusst den angenehmen Duft wahr. Bleiben Sie etwa drei Minuten so stehen.
Legen Sie sich entspannt auf den Rücken. Reiben Sie sich nochmals etwas Öl zwischen die Augenbrauen und unter die Nase. Bleiben Sie drei Minuten ruhig liegen und erleben sie den Duft.
Setzen Sie sich danach in den Schneidersitz oder in den Fersensitz. Erleben Sie noch einmal den Duft in der aufrechten Sitzhaltung. Ersetzen Sie Ihre Gedanken durch die Formel:
Ich freue mich auf den Tag.

2 Düfte unterscheiden

Tauchen Sie zwei Wattestäbchen in zwei verschiedene Sorten ätherischen Öls. Strecken Sie die Arme mit den Stäbchen in der Hand seitlich aus. Richten Sie Ihre Aufmerksamkeit auf die beiden unterschiedlichen Düfte und versuchen Sie, diese so intensiv wie möglich wahrzunehmen. Wählen Sie einen süßlichen und einen frischen Duft, damit eine klare Unterscheidung möglich ist.
Halten Sie abwechselnd eines der Stäbchen unter die Nase. Indem Sie intensiv den Duft aufnehmen, ruhen die anderen Sinne. Nur der Geruchssinn ist aktiv.
Sie können die Düfte beliebig variieren und Ihren Geruchssinn schulen, während sich Gedanken und Gefühle dabei beruhigen.

3 Die Sinne zurückziehen

Sie sitzen in der von Ihnen bevorzugten Meditationshaltung an einem ruhigen Ort. Schließen Sie Ihre Augen mit dem Bewusstsein, Ihre Sinne von der Außenwelt zurückzuziehen. Konzentrieren Sie sich auf Ihre Ohren mit dem Gedanken *Ich höre – ich höre nicht.*
Stellen Sie sich vor, wie Sie Ihren Tastsinn aus den Fingerspitzen und Ihren Geschmackssinn von der Zunge zurückziehen.
Konzentrieren Sie sich auf Ihre Nase:
Ich rieche – ich rieche nicht.
Stellen Sie sich einen Bühnenvorhang vor, der sich schließt:
Ich visualisiere – ich visualisiere nicht.
Ihr Bewusstsein ist in der Leibesmitte. Ersetzen Sie die Gedanken durch das Gefühl:
Ich ruhe in mir. ‹

Sich ganz auf den Duft konzentrieren

Duftinformationen
Ätherische Öle sind die Duftstoffe der Pflanzen, die angenehmste Erinnerungen hervorrufen. Der Geruchssinn ist direkt mit dem Unbewussten verbunden – Düfte haben eine starke Wirkung auf das Wohlbefinden. Durch die Nase gelangen die Duftinformationen in das Gehirn und beeinflussen über das vegetative Nervensystem Stimmungen und Gefühle.

Wozu dient ein Mandala?

Überall zu finden

In allen Kulturen hat es durch die Zeiten hindurch kreisförmige Darstellungen und Bi der gegeben, die man heute als Mandalas bezeichnet. Das Wort Mandala kommt aus der indischen Sanskrit-Sprache und bedeutet »Kreis oder Ursprung«. Der Kreis als Urform symbolisiert im Mandala den Kosmos, das Leben und die schöpferische Ordnung. Bei der Betrachtung oder Gestaltung eines Mandalas geht es letztlich darum, die eigene Mitte zu finden. Zentrierte Formen wie der Kreis erscheinen dafür hilfreich.
Das in prähistorischen Kulturen verbreitete Sonnenrad, ein uraltes Mandala, gilt als Symbol für den ewigen Kreislauf des Lebens.

Im Buddhismus dient das nach festen Regeln erfolgende Legen und Malen des Mandalas den Mönchen als Konzentrations- und Meditationshilfe. Nach der Vollendung werden diese Mandalas wieder aufgelöst und ihre Bestandteile dem natürlichen Kreislauf von Werden und Vergehen übergeben.
Bei den Indianern Nordamerikas haben Mandalas in Ritualen und Zeremonien zur Heilung von Krankheiten eine Bedeutung. Aus farbigem Sand, Blütenblättern und Farberde kunstvoll belegt, gibt es Hunderte verschiedener Darstellungsformen. Sie haben alle einen kreisförmigen, rechteckigen oder viereckigen Grundriss und allen ist die Orientierung auf eine Mitte hin gemeinsam.
Im orientalischen Raum tauchen Mandalas überall als kunstvolle Verzierungen und Ornamente an Bauwerken, Schmuckstücken und Gebrauchsgegenständen auf.
Im Tantrismus werden Mandalas als Konzentrationshilfe benutzt. Ein häufig zu findendes Motiv ist die Lotusblüte. Bei ihrer Betrachtung soll das Bewusstsein auf einen Punkt gesammelt werden. Auf der nächsten Stufe genügt dem Yogi das innere Abbild des Mandalas.

Das einfachste Mandala ist das Yantra, was so viel wie Werkzeug heißt. Diese geometrischen oder ornamentalen Diagramme sind häufig auf Fußböden zu finden. Auch in der christlichen Tradition kehrt das Mandala in den großen runden Fenstern mittelalterlicher Kirchen wieder.

Mandalas als ursprüngliche, einfache Kreisformen tauchen auch im Alltag auf: in der Vielfalt der Blüten, in Schneekristallen, Vogelnestern, einem durchgeschnittenen Kohlkopf, in Wind- und Wagenrädern oder in den Kreisspielen der Kinder.

Kunst zur Meditation

Konzentrationsfindung mit einem Mandala

Beim Betrachten eines Mandalas wird der zunächst unstete Blick ganz intuitiv durch den äußeren Rand begrenzt. Es geschieht eine unwillkürliche Sammlung, eine Konzentration, die sich immer mehr auf den Mittelpunkt ausrichtet. Ein ruhiges Schauen entsteht, das durch seine Sammlung auf eine äußerliche Mitte immer mehr auch zur eigenen inneren Mitte führt. Die harmonische Ordnung und der symmetrische Aufbau tragen zur inneren Ordnung und Konzentrationsfindung bei.

Natur zur Meditation

Mandalas in Blütenform können sehr gut als Hilfe beim Visualisieren benutzt werden. Menschen, denen es schwer fällt, sich etwas bildhaft vorzustellen, können diese Fähigkeit mit Hilfe von Mandalas, die sie vorher ausgiebig betrachtet haben, trainieren. Auch die Farbvorstellung kann auf diese Weise geübt werden.
Mandalas erinnern an die Malbücher aus der Kindheit. Viele Menschen genießen es, frei vom Leistungsprinzip ihr ganz persönliches Mandala zu gestalten. Einfach nach Lust und Laune die vorgegebenen Flächen und Formen in den Lieblingsfarben auszumalen, kann sehr entspannend und erstaunlich beruhigend sein. Das Ergebnis ist immer beeindruckend und entspricht einem persönlichen Ausdruck. In dieser Einfachheit fällt es leichter, loszulassen, den Rand um die Mitte zu erkennen und beides gelassen auszufüllen.

Gemeinschaftlich möglich

Nicht nur Kinder genießen es, gemeinsam im Kreis zu sitzen und beim Ausmalen eines Mandalas Raum und Zeit zu vergessen. Es entsteht eine ruhige, besinnliche Atmosphäre. Im kreativen Umgang mit Farben und Formen, mit dem Blick auf die Urform des Kreises, kann sich erstaunlich viel entwickeln: Freude an der Gestaltung und das Gefühl, Teil eines Ganzen zu sein.

Jenseits von Leistung

Ein Mandala auszumalen oder zu gestalten, geschieht ohne jedes Leistungsprinzip. Mandalas führen zur Ruhe und sind ein Weg in die eigene innere Mitte.

Mandalas im Alltag

Gehen Sie auf Entdeckungsreise. Verweilen Sie ein wenig bei den Mandalas in Ihrer Umgebung. Freuen Sie sich an der Blüte auf Ihrem Schreibtisch, lassen Sie Ihren Blick darauf ausruhen. Selbst beim Kochen können Sie Mandalas entdecken. Zum Beispiel, wenn Sie eine Zitrone durchschneiden.

Ü Mit Mandalas die Mitte finden

Alleine oder gemeinsam mit anderen: Probieren Sie diese einfachen Möglichkeiten des Stressabbaus doch einmal aus!

1 Ein Mandala aus Naturmaterialien legen

› Bei einem Spaziergang, vor allen Dingen im Herbst, können Sie alles sammeln, was die Natur bietet. Kastanien, Eicheln, bunte Blätter, rote, weiße und schwarze Beeren, Wurzeln und Baumrinden. Vielleicht haben Sie von Ihrem letzten Urlaub noch Steine und Muscheln gesammelt oder auch noch ein paar getrocknete Blüten irgendwo versteckt – all dies können Sie für die kreative Gestaltung Ihres Mandalas aus Naturmaterial verwenden.

Breiten Sie Ihre Schätze auf einer Decke am Boden aus und beginnen Sie mit einem Mittelpunkt. Lassen Sie sich nur von Ihrer Fantasie leiten. Ganz von alleine entsteht unter Ihren Händen ein Mandala ganz persönlicher Art.

2 Ein Mandala ausmalen

Hierzu benötigen Sie eine Vorlage. Sie können sich diese Vorlage mit Hilfe eines Zirkels selbst herstellen. Das Wichtigste ist der Mittelpunkt, um den herum andere Elemente und Formen angeordnet sind. Ziehen Sie sich an einen ruhigen Ort zurück und stimmen Sie sich mit Ihrer Atmung auf das Mandala-Malen ein. Spüren Sie beim Ein- und Ausatmen Ihre Körpermitte. Nehmen Sie beim Ausatmen wahr, wie der Atem Ihre Körpergrenzen überschreitet und nach außen fließt. Öffnen Sie Ihre Augen und nehmen Sie Rand und Mitte Ihres Mandalas wahr, das vor Ihnen auf dem Tisch liegt und das Sie jetzt anmalen werden. Buntstifte, Wachsmalstife, Wasserfarben, auch Filzstifte können Sie dafür benutzen. Versenken Sie sich in die Betrachtung Ihres Mandalas und lassen Sie sich ganz von Ihrer Intuition leiten.

Fangen Sie einfach an. Bleiben Sie grundsätzlich bei der einmal von Ihnen ausgewählten Maltechnik. Wechseln Sie während des Malens nicht. Nehmen Sie Gedanken und Gefühle, die während des Malens in Ihrem Inneren aufsteigen, wahr, ohne sie zu bewerten.

Jedes Mandala ist Ausdruck eines momentanen Gefühls. Das Ausmalen eines Mandalas kann Ihnen nach einem Tag voller Belastungen und Aufregungen auf erstaunlich einfache Art und Weise Ruhe und Entspannung bringen.

3 Visualisieren

Lassen Sie vor Ihrem inneren Auge Ihre Lieblingsblume erscheinen. Die Blüte wächst und wird immer größer, so groß, das Sie das Zentrum der Blüte betreten können. Entspannen Sie sich in einem Meer von Licht und Farbe. Tanken Sie wie eine Biene Kraft und Schönheit aus dieser Mitte. ‹

Vergängliche Kunst, Meditation über Werden und Vergehen

Ü Im Tun meditieren

Erinnern Sie sich noch an die Achtsamkeit den kleinen Dingen des Alltags gegenüber (*Seite 11*)? Das ist die japanische Variante der Meditation. Jeder Verrichtung wird die meditative Aufmerksamkeit geschenkt, die das eigene Tun zentriert und die Gedanken konzentriert, um zur Ruhe zu kommen.
Der sorgfältigsten Ausführung nach genauen Regeln, systematisch, gleichmäßig und ruhig, bis zur kaum erreichbaren Vollendung, gilt die ausschließliche Aufmerksamkeit. Fast alles lässt sich so ausführen, gerade auch die scheinbar unwichtigen Verrichtungen: den Hof kehren, Besenstrich für Besenstrich – gleichmäßig, ruhig, konzentriert. Eine Mauer bauen, Stein für Stein – gleichmäßig, ruhig, konzentriert. Die Wäsche bügeln, Tuch für Tuch – gleichmäßig, ruhig, konzentriert.
Kreative und künstlerische Tätigkeiten können Ihnen diese Art der Meditation näher bringen. Ihr Geheimnis ist die konzentrierte Übung, der Respekt vor der Vollkommenheit und die Ernsthaftigkeit der Bemühungen.

1 Ein Gedicht schreiben

› Sie können nicht dichten? Aber Sie können es üben. Suchen Sie sich eine Gedichtform mit festen, formalen Regeln aus, die Sie beachten wollen. Ein kurzes Gedicht ist besser geeignet als der Versuch, gleich eine Ballade schreiben zu wollen.
Eine Möglichkeit ist das Schreiben eines »Haikus«, einer japanischen Gedichtform aus fünf Zeilen. Die erste Zeile besteht aus einem Substantiv. Die zweite Zeile enthält zwei Adjektive, die das Substantiv beschreiben. Die dritte Zeile besteht aus drei Verbalformen, die sich auf das Substantiv beziehen. In der vierten Zeile folgt eine beliebige Anzahl von Worten, die sich mit dem Substantiv befassen, zum Beispiel in der Form eines Satzes. Die fünfte Zeile wiederholt das Substantiv vom Beginn.
Suchen Sie sich ein Thema, zu dem Sie Ihren ersten Versuch starten wollen. Es kann ein Liebesgedicht sein, eine Naturbeschreibung, die Formulierung eines Gefühls, was immer Sie wollen. Fangen Sie an.

Geben Sie sich nicht gleich mit dem ersten Ergebnis zufrieden und wechseln Sie auch nicht das Thema. Suchen Sie immer wieder nach neuen Worten, die noch besser ausdrücken können, was Sie eigentlich sagen wollen. Selbstverständlich können Sie dafür ein Wörterbuch zur Hilfe nehmen. Geben Sie sich erst dann zufrieden, wenn Sie sicher sind, die schönste Form gefunden zu haben, das zu beschreiben, was Sie eigentlich sagen wollten.

Mit voller Aufmerksamkeit

2 Schön schreiben

Sie haben keine gute Handschrift? Aber Sie können sie üben. Versuchen Sie sich in der Kunst japanischer Kalligrafie. Sie brauchen dazu mehrere Bögen großes Papier – am schönsten ist japanisches, handgeschöpftes Papier –, Tusche und einen Pinsel. Suchen Sie sich ein Schriftzeichen aus, das Sie schreiben wollen. Es kann ein Buchstabe aus dem lateinischen, dem kyrillischen oder dem arabischen Alphabet sein. Besonders schön ist es, wenn Sie ein japanisches oder chinesisches Schriftzeichen wählen, das ein ganzes Wort wie »Glück« oder »langes Leben« bedeutet.
Es ist keineswegs egal, wie Sie dieses Zeichen malen. Jeder Schwung, jede Unregelmäßigkeit des Pinselstrichs, die Länge und Gleichmäßigkeit jeder Linie ist von Bedeutung.

Geben Sie sich nicht gleich mit dem ersten Ergebnis zufrieden und wechseln Sie auch nicht das Zeichen. Suchen Sie immer wieder nach neuen Möglichkeiten, formvollendet das Schriftzeichen zu malen. Geben Sie sich erst dann zufrieden, wenn Sie sicher sind, die schönste Form gefunden zu haben, die Sie diesem Zeichen geben können.

3 Ein Bild malen

Sie können nicht zeichnen? Aber Sie können es üben. Besorgen Sie sich große Papierbögen und Farben. Legen Sie sich auf eine Maltechnik fest. Aquarellmalen ist zum Beispiel gut geeignet. Ein schlichter Kasten Wasserfarben oder Buntstifte tut es zu Beginn genauso. Wenn Sie etwas trainiert sind, sind Ölfarben für Sie vielleicht das Richtige. Auch haben Sie die Möglichkeit, sich mit natürlichen Farbpigmenten wie Kreide oder Ocker und einfachen Klebemitteln wie Tapetenkleister oder Leinölfirniss selbst Farben anzumischen. Überlegen Sie mit Sorgfalt, welche Technik Ihnen im Augenblick am meisten entspricht.
Legen Sie fest, ob Sie einen bestimmten Gegenstand, eine Blume, eine Wurzel, eine Landschaft malen wollen, oder es Ihnen im Sinn moderner Malerei einzig und allein auf die Kombination der Farben ankommt. Mischen Sie die Farben je nach Technik durch Verrühren oder Übermalen, bis Sie den genau passenden Farbton haben und tragen Sie die Farbe auf. Geben Sie sich nicht gleich mit dem ersten Ergebnis zufrieden und wechseln Sie auch nicht das Motiv oder die Technik. Suchen Sie immer wieder nach neuen Möglichkeiten, formvollendet das Bild zu malen. Geben Sie sich erst dann zufrieden, wenn Sie sicher sind, die schönste Form gefunden zu haben, die Sie den Farben im Augenblick geben können.

4 Eine Schale töpfern

Sie können nicht töpfern? Aber Sie können es ausprobieren und üben. Was Sie dazu brauchen, ist Ton mit einer mittleren Körnung. Ideal ist es, wenn Sie die Möglichkeit haben, Ihre Erzeugnisse auch zu brennen. Aber es kommt nicht darauf an, so viel wie möglich zu produzieren, sondern so sorgfältig wie möglich.

Eine Raku-Schale ist meist nicht ganz regelmäßig, da mit der Hand gemacht. Die Glasur weist regelmäßige Sprünge auf, die durch die spezielle Technik des Brennens und spontanen Abkühlens entstehen.

Je nach Tonart müssen Sie ihn eventuell noch blasenfrei kneten. Das geht ähnlich wie bei einem mit der Hand gekneteten Brotteig, nur umgekehrt. Statt Luft hineinzukneten, damit der Teig luftig wird, müssen Sie die Luft herausschlagen und kneten, damit der Ton keine Luftblasen mehr enthält.

Formen Sie sich eine Kugel zurecht, die gut in eine Hand passt. In die Mitte der Kugel drücken Sie mit dem Daumen ein Loch. Von dieser Mulde ausgehend, drücken und streichen Sie mit dem Daumen in Richtung der von hinten dagegen haltenden Finger und nach oben, bis langsam die Form einer Schale entsteht. Eine solche Schale will gleichmäßig geformt sein. Ihre Wände sind gleichmäßig dick. Ihre Öffnung ist gleichmäßig rund. Erst eine ganz gleichmäßige Form kann gezielt eine kleine Unebenheit enthalten, um daran zu erinnern, dass die Natur niemals geometrisch ist.
Wenn Sie mit Ihrem Ergebnis nicht zufrieden sind – seien Sie dieses Mal ruhig kritisch mit sich – können Sie den Ton jederzeit wieder zur blasenfreien Kugel kneten, aus der Ihr erster Versuch entstanden ist. Mit einer Folie abgedeckt, kühl und feucht gelagert, können Sie mit der begonnenen Schale zu einem späteren Zeitpunkt weitermachen. Stellen Sie sich einfach vor, dass Sie die Schale erstellen, aus der Sie Ihr Leben lang Ihren Tee trinken oder Ihre Suppe löffeln möchten.
Mutlosigkeit ist eine mögliche Krise in Ihrem meditativen Tun. Ihre Aufgabe ist es, sie zu überwinden und unermüdlich zu üben. ❮

Verbindungen herstellen:

Entspannt kommunizieren

Einzeln und frei wie ein Baum
Und brüderlich vereint wie ein Wald,
das ist unsere Sehnsucht.

Nasim Hikmet

Aktives Zuhören

Was die kleine Momo konnte wie kein anderer, das war: Zuhören. Das ist doch nichts Besonderes, wird vielleicht manch Leser sagen, zuhören kann doch jeder. Aber das ist ein Irrtum. Wirklich zuhören können nur ganz wenige Menschen. Und so wie Momo sich aufs Zuhören verstand, war es ganz und gar einmalig. Momo konnte so zuhören, dass dummen Leuten plötzlich sehr gescheite Gedanken kamen. Nicht etwa, weil sie etwas sagte oder fragte, was den anderen auf solche Gedanken brachte, nein, sie saß nur da und hörte einfach zu, mit aller Aufmerksamkeit und Anteilnahme. Dabei schaute sie den anderen mit ihren großen, dunklen Augen an, und der Betroffene fühlte, wie in ihm auf einmal Gedanken auftauchten, von denen er nie geahnt hatte, dass sie in ihm steckten.
Sie konnte so zuhören, dass ratlose oder unentschlossene Leute auf einmal ganz genau wussten, was sie wollten. Oder dass Schüchterne sich plötzlich frei und mutig fühlten. Oder dass Unglückliche und Bedrückte zuversichtlich und froh wurden. … So konnte Momo zuhören!
Michael Ende, Momo

Nehmen Sie sich einen Augenblick Zeit. Welche Gedanken, Bilder und Gefühle steigen in Ihnen auf, nachdem Sie diesen Text gelesen haben?

Haben Sie schon einmal darüber nachgedacht, welche Bedeutung der Umgang mit anderen Menschen – die Kommunikation – für Sie und Ihre Mitmenschen hat?
Wie viele Menschen wünschen sich, vielleicht konflikt- und stressfreier mit anderen umgehen zu können? Das einfache Zuhören kann dabei eine ganz erstaunliche Wirkung haben.

Hektik und Stress verhindern ein verstehendes Zuhören. Sie haben aber für sich selber Möglichkeiten, etwas zu verändern, wenn eine ungute Gesprächsdynamik aufkommt. Nehmen Sie sich einfach für ein anstehendes Gespräch, eine Situation mit Kolleginnen, eine Konferenz o.ä. vor, genauer als bisher zuzuhören.

Stellen Sie sich eine Zeit lang vorher darauf ein und erinnern Sie sich kurz vor und während der Situation erneut an Ihren Vorsatz. Gönnen Sie sich viel Zeit für das bloße Zuhören. Lassen Sie sich nicht zu schnellen Äußerungen drängen.

Versuchen Sie die Gedanken und Gefühle der Gesprächspartnerinnen möglichst genau zu erfassen. Fragen Sie vorsichtig nach, wenn Sie etwas nicht verstanden haben. Atmen Sie bewusst und ruhig dabei ein und aus und spüren Sie die entspannende Wirkung des Atmens.

Probieren Sie diese Art des Zuhörens einmal aus und erfahren Sie, welche positive Wirkung es haben kann. Sie werden nicht in die schon fast übliche Schnelligkeit und Sprunghaftigkeit vieler Gesprächssituationen hineingezogen und wirken einer Dynamik entgegen, die Stress erzeugend wirkt. Sie können sich innerlich und äußerlich zurücklehnen und dadurch für sich und die anderen Beteiligten Ruhe und Anteilnahme ausstrahlen.

Nicht nur mit dem Verstand
Verstehen und Lieben lassen sich nicht voneinander trennen. Werden sie dennoch voneinander getrennt, kommt es nur zu einem verstandesmäßigen Prozess und die Tür zum wirklichen Verstehen bleibt verschlossen.
Erich Fromm, Kunst des Zuhörens

Einer der Wege zur Gesundheit
»Salutogenese«, ein viel beachtetes Konzept im medizinischen Bereich und in der Gesundheitsfürsorge, fragt nicht danach, was krank macht, sondern danach, was gesund erhält. Im Umgang mit Stress ist die Frage nach den zur Verfügung stehenden Kraftquellen von zentraler Bedeutung. Die eigenen inneren Ressourcen zu erschließen, ist genauso wichtig, wie sich mit anderen Hilfsquellen zu verbinden.
Kollegen, Nachbarn, Freunde, Bekannte, im Grunde alle Kommunikationspartner können zu einer Hilfsquelle werden – wenn es gelingt, Verbindungen herzustellen.

Zuhören will gelernt sein

Kommunikation: Ein vielseitiges Geschehen

Verstanden werden

Kommunikation ist für alle Menschen nahezu allgegenwärtig und von größter Bedeutung: Vom Moment Ihrer Geburt bis zu Ihrem Tod stehen Sie in Kontakt mit anderen Menschen. Sie sprechen mit ihnen, schauen sie an, berühren sie. Sie spüren die Gefühle und nehmen die guten oder weniger guten Absichten wahr. Besonders bei Kindern weiß jeder, wie wichtig Zuwendung und Verständnis sind, damit sie sich körperlich und seelisch gesund entwickeln können. Auch Erwachsene haben im Umgang mit ihrem Partner, mit Freunden, mit Kollegen und Vorgesetzten das Bedürfnis, angehört, verstanden und anerkannt zu werden.

Menschliche Kommunikation ist ein sehr komplexes Geschehen. Es wird durch persönliche Erfahrungen, die momentanen Bedürfnisse und Befindlichkeiten der beteiligten Personen sowie deren Stellung zueinander geprägt. Auch der Kontext, in dem sich Personen begegnen, ist von Bedeutung.

Eine gelungene Kommunikation ist für das menschliche Wohlbefinden und die Gesundheit ein wichtiger Faktor. In vielen Situationen wird der Wunsch danach nicht erfüllt: Äußere Faktoren wie z. B. Hektik und Zeitdruck oder innere Faktoren wie Konkurrenzdenken und Neidgefühl können dafür verantwortlich sein. Eine besondere Rolle spielt das eigene Gesprächsverhalten, das die Entstehung einer positiven Verbindung verhindern oder fördern kann.

Gesprächsverhalten ändern lernen

Oft hören die Gesprächspartner sich nur scheinbar zu, fühlen sich schnell angegriffen oder benutzen Bruchstücke des Gesagten gegeneinander. Auseinandersetzungen, Missverständnisse und Konkurrenzdenken entstehen. Diese Art der Interaktion zwischen Menschen und ihrer Umwelt führt dann in vielen Fällen zu psychischem Stress.

Verteidigungssystem

Auch auf zwischenmenschlichen Stress reagieren wir, zumeist unbewusst, mit der tief in uns verwurzelten Kampf- oder Fluchtreaktion. Es genügt, dass wir unsere Interessen oder unseren sozialen Status bedroht wähnen, und ..., haben wir bereits unser gesamtes Verteidigungssystem aktiviert, um uns und unsere Position zu behaupten. Im Fall von zwischenmenschlichem Stress bedeutet dies, dass wir die Weichen für eine Verschärfung des Konfliktes stellen.

J. Kabat-Zinn, Gesund durch Meditation

Aus dem weit verbreiteten Muster von Angriff und Verteidigung auszusteigen, ist eine wichtige Voraussetzung für eine gelungene Kommunikation, die das Verbindende in den Vordergrund stellt. Im Zusammenhang mit der Entwicklung oder Stärkung einer positiven Grundhaltung können Gesprächstechniken dabei helfen, eine entspannte Gesprächsatmosphäre zu gestalten.

Eine angespannte Atmosphäre entspannen

Vielleicht haben Sie schon einmal folgende Situation erlebt: Mehrere Personen stehen zusammen, es geht hoch her. Jeder redet laut, schnell und eindringlich. Niemand hört dem anderen zu, sondern ist damit beschäftigt, die eigene Meinung loszuwerden. Einer versucht, den anderen zu übertönen. Es liegt Streit in der Luft. Eine weitere Person tritt hinzu und die Atmosphäre wird unmerklich entspannter. Nach und nach beruhigen sich alle wieder, das Gespräch geht langsam voran.
Äußerlich ist nicht viel geschehen und doch hat sich die neu dazugekommene Person deutlich anders verhalten: Sie hat sich zurückgehalten und abgewartet, sowie ruhig, langsam und leiser gesprochen, in einem freundlichen Ton. Einfach dadurch hat sie auf die anderen Personen verlangsamend und beruhigend gewirkt.

Gesprächsförderndes Verhalten praktizieren

Es gibt einfache Grundregeln und Verhaltensweisen, die bei nahezu allen Menschen gesprächsfördernd wirken. Sie können in Alltagssituationen helfen, unnötige Spannungen zu vermeiden und zu einer guten Atmosphäre in Gesprächen beitragen: Sich gesprächsfördernd zu verhalten, bedeutet z. B.

- den Gesprächspartner anzuschauen,
- ihn ausreden zu lassen,
- nachzufragen, Interesse zu zeigen,
- sich mit Äußerungen zurückhalten zu können,
- sich mit Wertungen zurückzuhalten,
- Gesprächspausen zuzulassen,
- den anderen verstehen zu wollen,
- einen gemeinsamen Gesprächsfokus herzustellen.

Die Gesprächsebene verlassen

Trotz aller Bemühungen wird es immer wieder vorkommen, dass es am Arbeitsplatz und zu Hause zu Differenzen kommt. Eine angespannte Atmosphäre entsteht. Je mehr gesprochen wird, desto komplizierter wird die Situation. Statt Spannungen aufzulösen, erzeugt die Diskussion Stress.

Die indische Ärztin Vinod Verma, Beraterin von Führungskräften in verschiedenen Ländern, rät in solchen Fällen, das Gespräch zu unterbrechen und auf gemeinsamen Beschluss hin etwas anderes auszuprobieren: zusammen fünf Minuten lang das Mantra »om-shânti« summen (*siehe Seite 124*), alle konzentrieren sich drei Minuten lang auf die Bauchatmung (*siehe Seite 62*), gemeinsam die Anti-Stress-Übung »Der Löwe« durchzuführen (*siehe Seite 44*). Dies kann eine erstaunliche Wirkung haben. Diese Vorschläge mögen Ihnen vielleicht ein wenig verrückt vorkommen, sie sind jedoch alle in der Praxis erprobt. Manchmal ist es notwendig, eingefahrene Gesprächsgleise zu verlassen, um anders voranzukommen. Vielleicht finden Sie andere Möglichkeiten, wenn Ihnen diese Arten der Unterbrechung nicht behagen.

Sichtweisen anderer Kulturen

Erziehung zur Stille, zum Schweigen begann schon sehr früh … Übertriebenes, auffälliges Benehmen lehnten wir als unaufrichtig ab, und ein Mensch, der pausenlos redete, galt als ungesittet und gedankenlos. Ein Gespräch wurde nie übereilt begonnen und hastig geführt. Niemand stellte vorschnell eine Frage, mochte sie auch noch so wichtig sein und niemand wurde zu einer Antwort gezwungen. Die wahrhaft höfliche Art und Weise, ein Gespräch zu beginnen, war eine Zeit gemeinsamen, stillen Nachdenkens; und auch während des Gespräches achteten wir jede Pause, in der der Partner überlegte und nachdachte. Für die Dakota war das Schweigen bedeutungsvoll.
Luther Standing Bear

Stress nicht entstehen lassen

In vielen Gesprächssituationen kann es durch das Verhalten der Beteiligten in recht kurzer Zeit zu einer echten Stresssituation kommen.

Herr P. sagt in einer Unterhaltung zu Frau A.: *So schnell wie Sie diese Arbeit erledigt haben, kann das ja nichts werden.*
Frau M. antwortet auf Frau S.: *So können Sie das nicht sehen. Ich habe schon mit Herrn T. darüber gesprochen und er ist ganz der Meinung, dass diese Abteilung nicht aufgelöst werden sollte.*
Frau A. und Frau S. können auf ihr Gegenüber ganz unterschiedlich reagieren. Typisch für solche Situationen wäre, die Äußerung zurückzuweisen, sich zu verteidigen oder zu entschuldigen, einen Gegenvorwurf zu erheben oder gar das Gespräch abzubrechen. In allen diesen Fällen ist das bekannte Muster »Kampf- oder Fluchtreaktion« zu erkennen und die Weichen sind auf Stress gestellt; besonders, wenn einer oder mehrere der Beteiligten gefühlsmäßig stark beteiligt sind.

Eine solche Situation kann recht einfach und wirksam entschärft werden, wenn es gelingt, den weiteren Ablauf zu versachlichen, sich nur auf den sachlichen Gehalt einer Äußerung zu beziehen.
Statt zu sagen: *Wie schnell ich arbeite, geht Sie gar nichts an,* könnte Frau A. erwidern: *Sie meinen also, dass ich nicht sorgfältig genug gearbeitet habe?*
Frau S. würde vielleicht antworten: *Ich verstehe Sie so, dass Sie diese Abteilung erhalten wollen,* anstatt zu kontern mit: *Warum verstecken Sie sich denn hinter Herrn T.?*

Für eine solche Versachlichung kann es hilfreich sein, eine Erwiderung so zu beginnen:
- Ich verstehe Sie so, dass ...
- Habe ich Sie richtig verstanden, dass ...
- Sie meinen also, dass ...
- Das heißt also, dass ...

Auch wenn Ihnen diese Redewendungen etwas künstlich vorkommen, liegt Ihre erprobte Wirkung darin, Interesse und Verständnis zu vermitteln und Klärungen herbeizuführen.

Beispiele für Alltagskommunikation

- Zwei Kollegen müssen sich ein Büro teilen. Der Raucher von beiden sagt: *Immer musst du das Fenster aufreißen. Ich bin schon andauernd erkältet. Und andauernd fliegen meine ganze Sachen durch die Gegend.*

- Ein aufgebrachter Kunde betritt ein Geschäft und stürmt auf eine Bedienung zu mit den Worten: *Was ist das hier überhaupt für ein Laden? So was überhaupt zu verkaufen. Kaum benutzt und schon defekt. Und das bei dem Preis. Das können Sie mit mir nicht machen.*

- Der Vermieter beklagt sich bei seinem Mieter: *Immer dieser Lärm im Haus. Die Leute beschweren sich andauernd bei mir. So kann das nicht weitergehen.*

Welche Reaktionen der angesprochenen Personen könnten die dargestellten Situationen noch verschärfen?

Überlegen Sie sich jetzt Antworten, die die Atmosphäre versachlichen und entspannen können. Versuchen Sie einmal, nur den Sachinhalt der Äußerungen wiederzugeben, ohne eigene Zusätze oder Wertungen.

Bei vielen alltäglichen Gelegenheiten können Sie solch ein versachlichendes Gesprächsverhalten ausprobieren und sich ankündigendem Stress aktiv vorbeugen.

Paraphrase
Paraphrasieren bedeutet, eine möglichst genaue Wiedergabe des Sach- bzw. Sinngehaltes einer Aussage ohne eigene Zusätze oder Wertungen vorzunehmen.

Sieg oder Frieden?
Ein Federgewicht Frieden ist besser als ein Eisengewicht Sieg.
Arabische Weisheit

Ich-Botschaften und Du-Botschaften

Du-Botschaften vermeiden

Neigen Sie zu Vorwurfshaltungen? Geben Sie anderen schnell die Schuld? Gewöhnen Sie sich solche »Kommunikationssperren« am besten ab!
Aus eigenen oder mitangehörten Gesprächen erkennen Sie sicher Satzanfänge wie:
Du hast aber gesagt, … .
Du bist aber wirklich … .
Du kannst immer nur … .
Wenn Du nicht immer … .

Du-Botschaften

Klarer Selbstoffenbarungsgrund

Mit solchen Sätzen verbinden sich gewöhnlich keine positiven Erfahrungen. Viele Menschen fühlen sich durch derartige Äußerungen festgelegt, in eine bestimmte Ecke gestellt, ganz einseitig gesehen. Sie haben u.U. auch den Eindruck: Da will jemand besser über mich Bescheid wissen, als ich es selber kann. Oft stellt sich auch das Gefühl ein, dass hinter solcher Aussage noch mehr steckt.

Eine besonders negative Wirkung haben diese Du-Botschaften, wenn sie mit einem Vorwurf oder einer Schuldzuweisung verbunden sind. Bei der betroffenen Person steigen Ärger und Abwehr auf, die Atmosphäre wird angespannt und verkrampft, die Gesprächsbereitschaft schwindet. Die Kommunikation ist gestört oder ganz blockiert. In stressbelasteten Situationen setzt diese Reaktion dann besonders schnell und nachhaltig ein.

Solche Art von Du-Botschaften sind aber nicht nur einfach Kommunikationssperren. *Du hast aber gesagt, dass du pünktlich kommst. Du bist immer so aggressiv. Du willst immer alles entscheiden.* In solchen Sätzen wird noch deutlicher, dass die Sprecherin einen Wunsch, ein Anliegen, ein Problem mit dem Verhalten der angesprochenen Person hat. Die Du-Botschaften wirken aber gerade wie Straßensperren und blockieren eine mögliche Verständigung.

Ich-Botschaften haben im Unterschied dazu eine gesprächsfördernde Wirkung. Solche Botschaften bieten die Möglichkeit, Wünsche, Empfindungen oder Erwartungen auszudrü-

cken, ohne einen Vorwurf zu erheben oder jemanden anzugreifen.
Ich habe Angst, wenn du so schnell fährst klingt anders als *Musst du immer so rasen?*
Ich wünsche mir, mehr Zeit mit dir verbringen zu können hat eine ganz andere Wirkung als *Du bist aber wirklich nur noch unterwegs.*

Ich empfinde … .
Ich erlebe … .
Ich wünsche mir von dir, dass du … .
Ich kann für mich (nicht) akzeptieren, … .
Ich empfinde mich von dir als unfreundlich behandelt wird viel eher angenommen als *Du bist immer so muffelig.*
Damit lässt sich sprachlich deutlich machen, dass jede Beobachtung mehr über die beobachtende Person als über die beobachtete Person aussagt. Es ist nicht möglich, unabhängig von sich selbst wahrzunehmen.

Ich-Botschaften aussenden

Ein Umlernen von Du-Botschaften zu Ich-Botschaften erfordert Achtsamkeit und einige Übung.

- Eine Kollegin ist sehr verärgert, weil sich ein Kollege schon zum wiederholten Male an ihrer Kaffeemaschine bedient, ohne sie gefragt zu haben. Zu einer Absprache über den gemeinsamen Einkauf des Kaffees und die Benutzung der Maschine war der Kollege nicht bereit. Die Kollegin sagt: »…«
- In einer Dienstbesprechung stellt der Vorgesetzte nach einer Stunde fest, dass viele der Teilnehmer ihm in seinen Ausführungen gar nicht mehr richtig folgen. Gleichzeitig fühlt er Druck in sich aufsteigen, weil er verantwortlich für die Weitergabe und Erläuterung wichtiger neuer Informationen ist. Er muss deren Beachtung sicher stellen. Der Vorgesetzte sagt: »…«
- Eine Frau regt sich darüber auf, dass ihr Mann trotz ihrer Bitten regelmäßig seine persönlichen Dinge im ganzen Haus verstreut. Sie ist sehr darum bemüht, alles schön und aufgeräumt zu halten. Aber schon nach kurzer Zeit hat sie dann das Gefühl, mit ihrer Arbeit von vorne anfangen zu können. Die Frau erklärt ihrem Mann: »…«
- In einer Arztpraxis platzt einer Arzthelferin der Kragen, weil ihre Kollegin die Spritzen, Ampullen, Scheren usw. laufend nicht an ihren Platz zurücklegt. Ständig ist sie in der Hektik des Alltags auf der Suche nach diesen Dingen oder muss sie für die Kollegin wegräumen. Außerdem wird der Arzt manchmal ungehalten, wenn etwas nicht sofort auffindbar ist. Die Arzthelferin sagt: »…«
- In einer Hausgemeinschaft stört es einen Mieter sehr, dass immer nur er sich um die Reinigung der Mülltonnen kümmert. Er findet diese Arbeit ekelig. Der Mieter meldet sich auf der nächsten Hausversammlung zu Wort und sagt: »…«
- Auf einem Klassenelternabend ärgert sich eine Lehrerin sehr darüber, dass der Vater eines Jungen fordert, die Kinder bei der Erfüllung ihrer schulischen Pflichten genauer zu kontrollieren. Gleichzeitig hat sie festgestellt, dass gerade dieser Junge nachlässig in der Erledigung seiner Hausaufgaben ist, sowie Bücher und Hefte nicht zuverlässig mit in die Schule bringt. Die Lehrerin sagt beim nächsten Elterngespräch: »…«
- In einem Büro macht es einen Sachbearbeiter jedes Mal wütend, wenn er nach dem Urlaub an seinem Arbeitsplatz nichts mehr wiederfindet, weil die Urlaubsvertretung ein eigenes Ordnungssystem eingeführt hat. Es geht Zeit und Energie damit verloren, die gewohnte Ordnung wiederherzustellen. Bei der nächsten Begegnung mit der Vertretung sagt der Sachbearbeiter: »…«

Wie würden Sie in solchen Situationen spontan reagieren?

Ich-Botschaften

▶ Ich-Botschaften sollten Aussagen enthalten über:
- ein Verhalten,
- dessen Auswirkungen,
- das dadurch hervorgerufene Gefühl,
- Angebote zu einer gemeinsamen Lösung.

Die passende Mitteilung

Mit vier Zungen sprechen, mit vier Ohren hören

Aus vielen alltäglichen Erfahrungen ist bekannt, wie schnell in einem Gespräch Irritationen, Störungen oder Stress auftreten können, wenn das Gesagte beim Gegenüber anders ankommt, als es gemeint ist. Die gesendete und die empfangene Botschaft stimmen dann nicht überein. Unklarheiten sind ein wichtiges Merkmal solcher Situationen. Der Hamburger Psychologe Friedemann Schulz von Thun hat ein Kommunikationsmodell entwickelt, das hilfreich sein kann, um Klärungen herbeizuführen.

In einem Büro sitzen sich zwei Kollegen an ihrem Schreibtisch gegenüber. Das Fenster ist geöffnet. Herr S. sagt zu Herrn M.: *Mir ist kalt!* Diese Aussage kann auf vier unterschiedliche Weisen verstanden werden:

- Als eine einfache Sachmitteilung: *Mir ist kalt.* Das ist das, worüber der Sprecher informiert.
- Als Appell: z. B. *Schließen Sie für mich das Fenster.* Das ist das, wozu der andere veranlasst werden soll, was von ihm verlangt oder erwartet wird.
- Als Beziehungsaussage: z. B. *Ich kann von Ihnen erwarten, dass Sie für mich das Fenster schließen.* Beziehungsmitteilung heißt, was der Sprecher von seinem Gegenüber hält, wie die beiden zueinander stehen.
- Als Selbstmitteilung: z. B. *Ich brauche Ihre Unterstützung.* Selbstmitteilung beinhaltet, was der Sprecher über sich selber aussagt, von sich selber kundtut.

In jedem Satz, der gesprochen wird, in jeder Botschaft, die ausgesandt wird, sind diese vier Seiten vorhanden.

Selbst für die Sprecherin ist es oft unklar, welche der vier Botschaften die eigentlich gemeinte ist. Die benutzten Zungen können auch im Laufe einer Unterhaltung laufend wechseln. Während die eine Gesprächspartnerin mit vier Zungen gleichzeitig spricht, hört die andere zur gleichen Zeit mit vier Ohren eine Nachricht heraus und reagiert entsprechend:

Sachohr:	*Ja, dir ist kalt.*
Appellohr:	*Soll ich für dich das Fenster schließen?*
Beziehungsohr:	*Ich bin doch nicht dein Diener.*
Selbstmitteilungsohr:	*Meinetwegen kann das Fenster offen bleiben.*

Auf der Seite der Empfängerin einer Botschaft ist nicht immer klar, auf welchem Ohr sie gerade hört. Genauso wie bei den Zungen können auch die Ohren, mit denen empfangen wird, im Laufe eines Gesprächs wechseln.

Bei vier Zungen und vier Ohren, die bei jeder Gesprächspartnerin immer gleichzeitig in Betrieb sind und auch noch unterschiedlich stark benutzt werden, ist es leicht vorstellbar, zu welchen Verwicklungen und Missverständnissen es in stressbelasteten Situationen kommen kann: Sie haben beispielsweise häufig das »Appellohr« groß eingeschaltet, Ihr Gegenüber spricht aber hauptsächlich mit der »Sachinhaltszunge«. Ihre Gesprächspartnerin spricht gerade vorwiegend mit der »Beziehungszunge« und Sie hören im Augenblick viel stärker auf dem »Selbstmitteilungsohr«. Sie können sich leicht vorstellen, dass solche Situationen oft im Stress enden, wenn es nicht gelingt, Klarheit zu erlangen.

Auf vier Ebenen wird gehört – manchmal auf einer überdeutlich

Klarheit gewinnen

Kommunikationsstress entsteht u.a., wenn es den Beteiligten nicht gelingt, eine Verständigung über die ausgesandten und empfangenen Botschaften herzustellen.

Gelegenheit zum Gelassenheitstraining

Es ist nicht einfach, in einer Gesprächssituation zu erkennen, mit welcher Zunge gerade gesprochen bzw. mit welchem Ohr gerade gehört wird. Die Botschaften sind den Gesprächspartnerinnen oft unklar. Die folgenden Beispiele bieten Ihnen die Möglichkeit, die eigene Wahrnehmung dafür zu überprüfen.

Die Kolleginnen N. und R. unterhalten sich. Kollege N. sagt:
Heute sehen Sie aber schlecht aus.

Herr A. spricht mit seiner Chefin, die sagt:
Der neue Kunde, den Sie betreuen, ist sehr anspruchsvoll.

Frau U. unterhält sich mit ihrer Freundin L., die sagt: *So viel Zeit wie du möchte ich mal haben.*

Welche Sachmitteilung, welcher Appell, welche Beziehungsmitteilung und Selbstmitteilung könnten in den Beispielen jeweils enthalten sein? Es gibt immer mehrere Möglichkeiten.

Im nächsten Schritt können Sie sich verschiedene Antworten zu den Beispielsätzen überlegen, je nachdem, ob Sie auf dem Sach-, Appell-, Beziehungs- oder Selbstmitteilungsohr gehört haben.

Nutzen Sie Alltagssituationen für sich, um auf das eigene und auf fremdes Kommunikationsverhalten zu achten: Mit welcher der vier Zungen wird gerade gesprochen bzw. gehört?
Stellen Sie sich eine hektische, aufgeladene Situation mit schnellen Wortwechseln vor. Es wird dann kaum gelingen, sich die gewünschte Klarheit über das Geschehen zu verschaffen. Aber auch in diesen Situationen haben Sie Möglichkeiten, aufkommenden Stress zu vermeiden oder abzubauen. Lassen Sie sich zunächst Zeit mit Ihren Reaktionen oder Antworten. Warten Sie ab, was Sie wahrnehmen, wie Sie dieses interpretieren und welche Gefühle bei Ihnen entstehen. Achten Sie besonders darauf, was Sie reizt und worauf Sie anspringen.
Eine wichtige Voraussetzung für Klarheit in der Interaktion mit anderen Menschen liegt in der Klärung der eigenen Gefühle, Wünsche und Motive.
Nutzen Sie auch die Gelegenheit, nachzufragen, wenn Sie sich über die empfangene Botschaft im Unklaren sind: *Habe ich Sie richtig verstanden, dass Sie …?* oder *Ich verstehe Sie so, dass Sie mir sagen wollen …* können Sätze sein, die zu einer Klärung beitragen und Ruhe in das Gespräch bringen.
Sie können Ihrer Gesprächspartnerin auch etwas über sich mitteilen, um sich verständlich zu machen: *Ich erlebe das jetzt als …* oder *Mir geht es mit Ihrer Bemerkung so, dass ich …* sind Satzanfänge, die an die Verständnisbereitschaft des Gegenübers appellieren.

Körpersprache

Auch ohne Worte

Menschliche Kommunikation bedient sich nicht nur des gesprochenen Wortes. Mimik und Gestik, Haltung, Blickkontakt und Blickrichtung, jede bewusste oder unbewusste Bewegung sind Ausdrucksformen der Körpersprache, die auch ohne Worte vielfältige Botschaften an die Umwelt vermittelt.

Die Botschaften: Ich brauche meinen Raum. Freundschaft braucht Freiraum

Ob ein Mensch eine lebhafte Mimik zeigt oder eher unbewegte Gesichtszüge, ob sich jemand im Gespräch intensiv seiner Hände und Arme bedient oder nicht, ob eine eher aufrechte oder gebückte Haltung eingenommen wird, ob eine Person Blickkontakt aufnimmt oder eher meidet – immer sagen diese Signale der Körpersprache etwas über die innere Befindlichkeit des betreffenden Menschen aus.

Gezielte Gesten, die z.B. einen Satz unterstreichen sollen, eine betont aufrechte Haltung, die überzeugen soll oder eine gedämpfte Stimme, die ein Gefühl verstärken soll, sind Beispiele für den bewussten Einsatz von Körpersprache.

Die meisten Körpersignale laufen unbewusst und nach erlernten festen Mustern ab. Wie sich jemand über das Haar streicht, die Beine übereinander schlägt, die Schultern hochzieht oder die Hände hält, sind typische Gesten, die zu einer Person dazugehören.
Auch wenn sie kein Wort sprechen, kommunizieren Menschen über ihre Körpersprache ständig mit ihrer Umwelt, da es unmöglich ist, keine Körpersignale auszusenden. Der Kommunikationsforscher Paul Watzlawick formuliert das so: *Man kann nicht nicht kommunizieren.*
Wie das gesprochene Wort ist die körperliche Kommunikation nicht eindeutig. Äußerlich gleiche Signale der Körpersprache können unterschiedliche Bedeutungen haben: Schweigen kann Ratlosigkeit, Unsicherheit, Nachdenken, Ablehnung ausdrücken, Schulterzucken Unwissenheit, Gleichgültigkeit, Mutlosigkeit signalisieren, Lächeln Überheblichkeit, Belustigung, Verlegenheit meinen. Fehlinterpretationen können zu Konflikten führen.
In der menschlichen Kommunikation ist die Körpersprache wichtig, da sich in ihr auch unabhängig vom menschlichen Willen und Wollen Gefühle und Beziehungen zur Umwelt besonders intensiv ausdrücken. Häufig verrät die Körpersprache mehr als das gesprochene Wort.

Die Botschaften: Ich nehme mich zurück. Wir gehören eng zusammen

Ein befreites Lachen, Tränen, weit geöffnete Arme, ein gesenkter Kopf können Sprechen sogar überflüssig machen.
Schon beim Telefonieren ist es zu spüren, wie viele Informationen beim reinen Hören verloren gehen und umgekehrt, wie viele zusätzliche Botschaften bei einer direkten Begegnung hin und her gehen.
Der Spezialist für Körpersprache, Samy Molcho, weist darauf hin, wie wichtig es ist, die beiden Kommunikationsebenen – das gesprochene Wort *und* die Körpersprache – zu verstehen:

Denn oft bleibt eine wichtige zusätzliche Information unausgesprochen, oder es gibt gar einen Widerspruch zwischen dem Gesagten und dem Gemeinten, der Verwirrung und Mißverständnisse stiftet.
Samy Molcho, Körpersprache

Jemand wird gefragt: *Wie geht es dir?* Er antwortet: *Danke, bestens.* Gleichzeitig macht er dazu ein bedrücktes Gesicht und zeigt eine entsprechende Körperhaltung. In diesem Fall stimmen die beiden Kommunikationsebenen nicht überein, sie sind nicht kongruent. Statt sich gegenseitig zu ergänzen und zu unterstützen, widersprechen sie sich.

Auf Körpersprache achten

Um Ihre Fähigkeiten als Gesprächspartnerin zu erweitern, können Sie Ihre Wahrnehmungsfähigkeit für nonverbale Signale trainieren. Der bewusste Umgang mit Körpersprache kann gesprächsfördernd und stressvermeidend eingesetzt werden.
Vielleicht nutzen Sie einmal die Gelegenheit, die nonverbalen Signale anderer Menschen bewusst wahrzunehmen. Es bieten sich dazu zahlreiche Gelegenheiten: Im Lokal, im Bus, an der Haltestelle, an der Ampel, im Wartezimmer, in der Warteschlange, überall, wo Sie und andere Menschen etwas länger verweilen, können Sie Ihre Wahrnehmungsfähigkeit trainieren.
Beachten Sie nicht unbedingt alle nonverbalen Signale zur gleichen Zeit. Sie können achten auf: Hände und Arme, Füße und Beine, Gesichtsausdruck, Kopfhaltung und Kopfbewegung, Tonfall der Stimme, unbewusste Bewegungen, z. B. Augenzucken, Lachen. Welche unterschiedlichen Haltungen, Bewegungen, Ausdrücke können Sie erkennen? Welchen Gesamteindruck macht die beobachtete Person auf Sie? Durch welche Körpersignale erleben Sie bestimmte Personen als angespannt, hektisch oder gestresst?
Versuchen Sie jetzt einmal den Blick auch auf Ihre eigene Person zu richten und fragen Sie sich: Was ist typisch für meine eigene Körpersprache? Woran können mich andere Menschen erkennen? Welche Körpersignale sende ich aus, wenn ich entspannt bzw. gestresst bin? Welche Wirkung hat meine Körpersprache auf andere?
Gönnen Sie sich für die Beantwortung dieser Fragen ausreichend Zeit. Sie haben dadurch die Chance, mehr über sich zu erfahren.

Handschuh der Seele

Was wir sind, sind wir durch unseren Körper. Der Körper ist der Handschuh der Seele, seine Sprache das Wort des Herzens. Jede innere Bewegung, Gefühle, Emotionen, Wünsche drücken sich durch unseren Körper aus.
Samy Molcho, Körpersprache

Fremdsprache

Körpersprache ist mit der Zeit zu einer Fremdsprache geworden. … , aber wir kommen weiter, wenn wir sie beherrschen.
Samy Molcho, Körpersprache

Stress ist ansteckender als Schnupfen

Sicher haben Sie schon einmal in der Gegenwart eines Menschen, der ohne Punkt und Komma auf Sie einredet, dessen Anspannung im eigenen Körper gespürt. Körpersprache ist auch von der Interaktion mit anderen Menschen beeinflusst. Gefühle von Freude und Entspannung, aber auch von Anspannung und Stress können sich körperlich übertragen. Achten Sie deshalb in angenehmen, aber besonders in unangenehmen Situationen auf die Sprache Ihres Körpers.

Sich um eine positive Haltung bemühen

Innere Einstellungen teilen sich mit

Auch wenn es nicht ausgesprochen wird, teilt sich das, was Menschen denken, mit. Welche Absichten Sie verfolgen und ob Sie jemandem wohlgesonnen oder ablehnend gegenüberstehen – Ihre Körpersignale sprechen eine eigene Sprache. *Welche innere Einstellung nehme ich einem Menschen gegenüber ein?* ist deshalb eine wichtige Frage vor Gesprächen.

Eine eher negative, ablehnende oder pessimistische Einstellung spiegelt sich in den Gesichtszügen und der Körperhaltung wider. Kennzeichen einer entspannten Kommunikation ist eine positive Einstellung der Gesprächspartnerin gegenüber.

trieren Sie sich eine Zeit lang auf einen oder mehrere positive Aspekte des anderen. Öffnen Sie die Augen und lassen Sie die aufkommenden Gedanken noch einen Augenblick nachwirken. (nach: Vera F. Birkenbihl)

Sie können diese Übung mehrfach und auf verschiedene Personen bezogen durchführen. Selbst wenn Sie jemanden ausgesprochen unsympathisch finden, ist es so vielleicht möglich, Ihre Gedanken ihm gegenüber zu neutralisieren und die Kommunikation zu entlasten.
Manchmal reicht es dafür bereits aus, nur einen kleinen positiven Anknüpfungspunkt zu finden.

Eine schwierige Basis, sich im Gespräch näher zu kommen

Eine schwierige Basis, sich zu streiten

Wie sehen Sie Ihre Mitmenschen? Eher akzeptierend oder ablehnend, als Gegnerinnen oder Verbündete, als Konkurrenten oder Partnerinnen?

Da sich die innere Einstellung immer mitteilt, sollten wir uns darin üben, diese Einstellung so weit wie möglich zu positivieren, wenn wir gut mit anderen kommunizieren wollen
Vera F. Birkenbihl

Die folgende Übung kann dafür hilfreich sein: Stellen Sie sich einen Menschen vor, dem gegenüber Sie eine eher negative Einstellung haben. Schließen Sie jetzt die Augen und konzen-

Gemeinsamkeiten sehen

Positive Einstellungen gegenüber Ihren Mitmenschen lassen sich entwickeln, indem Sie nicht das Trennende in den Mittelpunkt stellen, sondern nach Gemeinsamem fragen. Folgende Fragen können Sie dabei unterstützen: Welches gemeinsame Interesse verbindet Sie? Haben Sie positive gemeinsame Erfahrungen? Gibt es etwas, worunter Sie gemeinsam leiden? Wie können Sie es zusammen verändern? Sehen Sie Möglichkeiten, sich gegenseitig bei Problemen zu unterstützen?
Stellen Sie sich einen von Ihnen eher skeptisch beurteilten Menschen vor. Spüren Sie diesen

Fragen genau nach. Können Sie einen oder mehrere der angesprochenen Punkte entdecken?
Nehmen Sie sich ausreichend Zeit dafür. Wie sehen Sie jetzt das Verhältnis von trennenden und verbindenden Momenten?

Freundlichkeiten

Eine zugewandte, annehmende Grundeinstellung drückt sich auch fremden Menschen gegenüber aus. Lächeln Sie die Busfahrerin an, wenn Sie in den Bus einsteigen, machen Sie mit der Verkäuferin in der Bäckerei einen Scherz und kommen Sie ins Gespräch mit der Frau im Wartezimmer beim Arzt. Verbindlichkeit stellt Verbindung her.

Lösungen in den Vordergrund stellen

Vielleicht kennen Sie das unangenehme Gefühl, in einer Gesprächssituation gefangen zu sein. Das Gespräch dreht sich im Kreis, man hat sich ineinander verhakt, keiner bezieht sich auf den anderen und jeder beharrt auf seinen Argumenten. Die Situation verhärtet sich, ist erstarrt, es geht nicht voran. Trotz vieler Worte kommen Sie der Lösung des Problems, um das es geht, kein Stück näher. Sie fühlen sich zunehmend gestresst.
Genauso wie sich die Gedanken im Kreis drehen können (*siehe Seite 109*), drehen sich manchmal auch Gespräche im Kreis. In Situationen wie der oben beschriebenen werden von den Beteiligten häufig Techniken eingesetzt, die am Problem festhalten, eine Konkurrenz ausdrücken, wenig konstruktiv und kooperativ sind. Es werden Sachzwänge angeführt, persönliche Angriffe gestartet, Argumente umgedreht, bewusste Übertreibungen eingesetzt, Unterstellungen gemacht, Verantwortungen zugeschoben, Vergangenes hinzugezogen, auf andere Probleme ausgewichen, verwirrende Überlegungen angestellt, die Argumente der anderen abgewertet.

Viele oft gehörte und benutzte Sätze dienen diesen Zwecken: *So kann man das aber nicht sehen. Jaaa, aber … Das gehört aber nicht hierher. Es muss doch jedem klar sein, dass … . Wie können Sie nur behaupten … .*
Es geht gar nicht mehr um die Sache, sondern »eigentlich« um etwas anderes. Nicht die Klärung einer Situation oder die Bewältigung eines Problems, sondern die Beziehungen zwischen Herrn L., Herrn P., Frau Z. … stehen dann »plötzlich« im Mittelpunkt. Außerdem hinterlässt das fortgesetzte gemeinsame Umkreisen eines Problems bei den Beteiligten den Eindruck: *Da kommen wir nur schwer raus. Das ist kaum lösbar.*
Paradoxerweise wird gerade so eine erfolgreiche Bewältigung verhindert: Es wird rückwärtsgerichtet am Problem festgehalten, statt gemeinsam vorwärtsschauend an einer Lösung zu arbeiten. Wenn Sie bemerken, dass es zu solch unangenehmen »Stauerscheinungen« kommt, ist es wichtig, das Gespräch wieder zu »verflüssigen«.

Statt viel Zeit für die Aufklärung des Problems zu verwenden, können diese Ansatzpunkte bzw. Fragestellungen dabei direkt behilflich sein, wenn sie in ein Kreisgespräch eingebracht werden: *Zu welcher Zeit oder unter welchen Umständen war das Problem geringer oder gar nicht vorhanden? Welche Ausnahmen gibt es? Was wäre, wenn …* oder *Was müßte geschehen, damit …? Was wäre anders, wenn sich das Problem über Nacht von selber lösen würde? Woran würden Sie das merken?*

Diese in der »systemischen Familientherapie« entwickelten Fragen lenken den Blick auf schon bestehende, verborgene Lösungsansätze, die weiter verfolgt werden können. Indem die Fixierung auf ein Problem aufgelöst wird, besteht die Chance, Kreisgespräche zu verflüssigen.

Umdrehen
Aus dem Stein des Anstoßes ein Anstoßen des Steines werden lassen.

Anders machen
Wenn ich etwas verändern will, muss ich etwas anders machen, als ich es bisher gemacht habe.

Anstelle eines Nachwortes

Manchmal ist es gut und nötig,
draußen zu sein, am Rand,
wo ich Kontakt habe zu Menschen,
wo ich mich den Aufgaben des Lebens
zu stellen habe,
wo Betriebsamkeit herrscht
und eine Bewegung die andere ablöst.

Manchmal ist es gut und nötig,
drinnen zu sein, nahe der Mitte,
wo ich allein bin,
wo nichts von mir verlangt wird,
wo die Bewegungen langsam
zu Ruhe kommen
und Stille herrscht.

Rand und Mitte gehören zusammen
Und bilden das Ganze,
in dem vieles aufblühen und Früchte tragen kann.
Freuen wir uns an den Schritten hin und her,
den kleinen und zaghaften hinein und hinaus,
den großen und mutigen gelegentlich,
die wir miteinander gehen.

Bruno Döring, Schenk Dir ein Mandala

Übungsvielfalt

Durch Bewegung zur Ruhe

Still bleiben

Literaturtipps

- Birkenbihl, V. F., **Kommunikationstraining.** Mvg, München 1993
- Brand-Hetzel, Chr., **Autogenes Training.** Heyne Verlag, München 1982
- Brenner, H., **Das große Buch der Entspannungstechniken.** Humboldt Verlag, München 1989
- Ellis A., **Grundlagen und Methoden der Rational-Emotiven Therapie.** Pfeiffer Verlag, München 1997
- Friebel, V., **Die Kraft der Vorstellung.** Rowohlt Verlag, Reinbek 1996
- Hatzelmann, E., **Keine Macht dem Stress.** Humboldt Verlag, München 1997
- Heckel, J., **Frei sprechen.** A1 Verlag, München 1997
- Kabat-Zinn, J., **Im Alltag Ruhe finden.** Herder Verlag, Freiburg 1998
- Kabat-Zinn, J., **Gesund durch Meditation.** Scherz Verlag, München 1995
- Kaluza, B., **Gelassen und sicher im Stress.** Springer Verlag, Berlin 1996
- Langen, D., **Autogenes Training für jeden.** Gräfe und Unzer Verlag, München 1992
- Lüder/Lühr, **Das Stresslexikon.** Hüthig Verlag, Heidelberg 1998
- Molcho, S., **Körpersprache.** Mosaik Verlag, München 1988
- Müller, E., **Du fühlst die Wunder nur in Dir.** Fischer TB Verlag, Frankfurt 1989
- Müller, E., **Du spürst unter Deinen Füßen das Gras.** Fischer Verlag, Frankfurt 1983
- Ohm, D., **Progressive Muskelentspannung.** Thieme Verlag, Stuttgart 1992
- Pullig/Schatz, **Yoga für den Rücken.** Thieme Verlag, Stuttgart 1994
- Rohr, U. / Rohr, W., **Meditation.** Econ Verlag, Düsseldorf 1996
- Röcker, E., **Yoga.** Südwest Verlag, München 1994
- Kent Rush, A., **Fünf-Minuten Yoga.** dtv, München 1998
- Schaadt, S., **Mandalas der Völker.** Droemer Verlag, München 1999
- Schulz v. Thun, F., **Miteinander reden.** Rowohlt Verlag, Reinbek 1994
- Simonton, O.C./Simonton, St.M., **Wieder gesund werden.** Rowohlt Verlag, Reinbek 1997
- Tausch, R., **Hilfen bei Stress und Belastung.** Rowohlt Verlag, Reinbek 1996
- Thich Nhat Hanh, **Lächle deinem eigenen Herzen zu.** Herder Verlag, Freiburg 1996
- Thich Nhat Hanh, **Die Sonne, mein Herz.** Herder Verlag, Freiburg 1997
- Thich Nhat Hanh, **Ich pflanze ein Lächeln.** Goldmann Verlag, München 1992
- Verma, V., Ayurveda, **Gesund und erfolgreich im Beruf.** Urania Verlag, Neuhausen am Rheinfall 1997